EL DICCIONARIO SOBRE LOS DEMONIOS

VOLUMEN **DOS**

UNA EXPOSICIÓN DE PRÁCTICAS

CULTURALES, SÍMBOLOS, MITOS

Y DOCTRINA LUCIFERINA

KIMBERLY DANIELS

CASA
CREACIÓN
Para vivir la Palabra

Para vivir la Palabra

MANTÉNGANSE ALERTA;
PERMANEZCAN FIRMES EN LA FE;
SEAN VALIENTES Y FUERTES.
—1 CORINTIOS 16:13 (NVI)

El diccionario sobre los demonios, volumen dos por Kimberly Daniels
Publicado por Casa Creación
Miami, Florida
www.casacreacion.com
©2014, 2020 Derechos reservados

Library of Congress Control Number: 2014938643
ISBN: 978-1-62136-851-9
E-book ISBN: 978-1-62136-872-4

Desarrollo editorial: *Grupo Nivel Uno, Inc.*
Diseño interior: *Grupo Nivel Uno, Inc.*

Publicado originalmente en inglés bajo el título:
The Demon Dictionary, Volume Two;
por Charisma House, A Charisma Media Company
Copyright © 2014 Kimberly Daniels
All rights reserved

Visite la página web de la autora: www.kimberlydanielsministries.com

A menos que se indique lo contrario, el texto bíblico ha sido tomado de la versión Reina-Valera © 1960 Sociedades Bíblicas en América Latina; © renovado 1988 Sociedades Bíblicas Unidas. Utilizado con permiso. Reina-Valera 1960™ es una marca registrada de American Bible Society, y puede ser usada solamente bajo licencia.

La grafía y significado de los términos hebreos y griegos corresponden a la *Nueva concordancia exhaustiva de la Biblia de Strong*, de James Strong, Editorial Caribe, 2003. Usada con permiso.

Nota de la editorial: Aunque el autor hizo todo lo posible por proveer teléfonos y páginas de Internet correctas al momento de la publicación de este libro, ni la editorial ni el autor se responsabilizan por errores o cambios que puedan surgir luego de haberse publicado.

Impreso en Colombia

23 24 25 26 27 LBS 9 8 7 6 5 4 3 2

Cómo usar este libro

BIENVENIDOS AL SEGUNDO volumen de *El diccionario sobre los demonios*, su recurso esencial para la comprensión de los términos, nombres, gente y lugares que se relacionan con símbolos, espíritus religiosos y mitología. En lugar de compilar una larga lista de la A a la Z, Kimberly Daniels ha organizado *El diccionario sobre los demonios* en capítulos temáticos para ayudarle a entender mejor el tema que se está investigando. Dentro de cada capítulo encontrará una lista alfabética de términos y las correspondientes explicaciones.

Comience su estudio remitiéndose a la tabla de contenido para reducir su búsqueda por categoría, y luego vaya al capítulo correspondiente para buscar un término específico y descubrir su definición. Sea que su experiencia y comprensión de cómo tratar con los demonios esté en las etapas iniciales o en un nivel más avanzado, prepárese para ser sorprendido por el contenido de este libro. Creemos que contiene información que no ha sido publicado con anterioridad. Esperamos que esta completa, imprescindible guía de referencia se convierta en una poderosa herramienta en su arsenal para exponer y derrotar las obras de las tinieblas.

Sea que su experiencia y comprensión de cómo tratar con los demonios esté en las etapas iniciales o en un nivel más avanzado, prepárese para ser sorprendido por el contenido de este libro. Creemos que contiene información que no ha sido publicada con anterioridad. Respetamos la decisión de Kimberly de incluir ciertas palabras que pueden ser chocantes. Su meta es ayudarle a entender el origen y el significado de estos términos, no ofenderlo. Esperamos que esta completa e imprescindible guía de referencia se convierta en una poderosa herramienta en su arsenal para exponer y derrotar las obras de las tinieblas.

—LOS EDITORES

Contenido

Introducción

USTED ESTÁ A punto de ir al siguiente nivel en el *El diccionario sobre los demonios, volumen dos*. Creo que el Señor quiere que en esta introducción comparta una parte muy importante de mi testimonio, y que dé mi definición y un comentario sobre una palabra que muchos rehúyen hoy en día.

Soy miembro del concejo municipal de una ciudad. En ese papel, y en otros, a veces muchas personas se confunden respecto a las posiciones que tomo porque sienten que no soy lo "suficientemente negra"…sea eso lo que fuere. En primer lugar, permítame decir que realmente tengo un problema cuando me perfilan o clasifican. Es sorprendente que en el tiempo en que vivimos la gente espere que las mujeres negras tengan el statu quo afroamericano. De alguna manera, ellos no ven que esto es otro tipo de discriminación, ¡llamada *"perfilismo" racial*!

Miremos esto un poco más; voy a otorgarle el beneficio de la duda a las personas que piensan que tales perfiles son correctos. Quizás simplemente no se dan cuenta de lo que hacen. Como este es un diccionario, voy a crear un término para las personas que esperan que otros actúen de una determinada manera sobre la base de su afiliación política, su color o su género: *perfilistas subliminales*. Como se trata de un diccionario espiritual, podemos relacionar las tendencias que he mencionado anteriormente con el espíritu de perfilismo subliminal.

Soy una chica sureña nacida en el centro urbano de la ciudad de Jacksonville, Florida. Hace poco trabajé con un grupo llamado "Sons of Confederate Veterans" (SCV, "Hijos de Veteranos Confederados") en un proyecto en nuestra ciudad. Como resultado, un pequeño grupo de personas se opuso ¡irregularmente y con fuertes voces! Ellos no sentían que una mujer negra debiera trabajar con este grupo. Yo no estaba de acuerdo y sentía que tenía muchas razones para trabajar con el grupo. Mis razones incluían:

- Eran mis electores, y como miembro del consejo municipal de toda la ciudad yo tenía la responsabilidad de servirlos.
- No me pidieron que hiciera ninguna cosa que obstaculizara mi fe como creyente.
- Ellos honraron y recordaron a los veteranos que arriesgaron sus vidas por la seguridad y el bienestar de nuestra nación.
- Y, por último, ¡ELLOS SON ESTADOUNIDENSES!

Doy gracias a Dios que en medio de esta gran controversia, el presidente de los Estados Unidos, Barack Obama, honró al SCV con doce Premios Presidenciales de Servicio a la Comunidad por los servicios prestados en muchas zonas negras de nuestra ciudad. Esto hizo que mi corazón se regocijara, porque a pesar del racismo y la discriminación que existe en la actualidad, somos llamados al ministerio de la reconciliación.

Hablando de reconciliación, hubo un tiempo de mi vida en que no podía soportar estar en una habitación con gente blanca como el SCV. En la década de 1970 yo estaba al frente de las líneas de disturbio racial en la Highlands Junior High School luchando contra los muchachos blancos, a quienes odiaba con pasión. Pero ¡gracias a Dios por Jesús! Él es el único que puede liberar a una persona del amargo odio profundamente arraigado.

Este es mi testimonio de liberación.

Liberada del odio

Tuve una experiencia transformadora de vida con Jesús alrededor de los diecinueve años. Mi vida cambió, y el mal sabor en la boca por la gente blanca se fue. ¿Por qué estoy contando esta historia? Porque creo que el mayor demonio de los Estados Unidos es el espíritu de racismo.

La tragedia de lo que tuvo lugar en Nueva York el 11/9 fue una llamada de atención para mí como estadounidense. Nunca olvidaré cómo se veía la gente después de que cayó el polvo de la explosión. No se podía decir quién era negro o quién era blanco. Simplemente todos *se veían como polvo*. Esto me recordó el hecho de que cada persona creada por Dios vino del polvo y al final volveremos al polvo. El día de este ataque las pantallas de televisión mostraron un montón de estadounidenses de polvo. Tuve una revelación sobre la gente de nuestra nación de una manera nueva: ¡TODOS SOMOS ESTADOUNIDENSES! Es importante recordar que los enemigos de este país no tuvieron como blanco a estadounidenses blancos o negros, ni siquiera a musulmanes estadounidenses: tuvieron como blanco a los estadounidenses. Los Estados Unidos estaban bajo ataque y debía trazarse una línea en el espíritu; cada uno era o bien un estadounidense, o un enemigo de este país.

Nunca más degradada

Mediante mi testimonio me gustaría exponer la definición Kimberly Daniels de la palabra *negro*[a]. Por favor, no me pida que me limite en la manera de compartir mi testimonio pidiéndome que diga "la palabra n", en lugar de lo que realmente es. Yo sé que esta palabra ofende a algunos, pero a mí me ofende que esto sea Estados Unidos y yo no pueda hablar libremente. Pido disculpas y no es mi intención ofender a nadie, pero respetuosamente me reservo el derecho de contar mi testimonio como ocurrió, sin aguarlo ni quitar el vigor de lo que realmente sucedió. Este es un diccionario acerca de los demonios y sus obras, y aunque estamos exponiendo la oscuridad no queremos darle ninguna victoria al diablo. Él está derrotado por la sangre del Cordero y la palabra de mi testimonio, de modo que permítame compartir cómo Dios me liberó del odio a la gente blanca. ¡Él usó para *liberarme* la palabra que los hombres usaban para *degradarme*!

Muchos han optado por eliminar este término —(espíritu de) *negro*— como si nunca hubiera existido. Con toda la profanidad y el lenguaje soez del mundo, *me pregunto ¿por qué?* Yo elijo no eliminar el término de este diccionario como si no existiese, porque…¡*sí existe!*

La definición de un negro no se limita al color de la piel sino que describe a una persona de corazón oscuro. La intención original de esta palabra en Estados Unidos tenía una misión demoníaca. Es importante que se incluya en un diccionario sobre los demonios porque la misión se originó en los abismos del infierno. Era para degradar, humillar y rebajar el estatus de personas de la realeza a una clase despreciable de personas. Por medio del plan diabólico de lo que se llamó la teoría Willie Lynch, gente con mentalidad de reyes y príncipes fue quebrantada y se le lavó el cerebro para que se convierta en esclava.[1] Cuando estas personas fueron empacadas como sardinas y llevadas a una tierra extranjera, su estructura familiar fue destruida. Después de que muchas mujeres negras fueron violadas, se creó una raza de negros de piel clara, y los amos esclavistas enfrentaron a los negros de piel clara con los negros de piel oscura. El orden de la familia fue destruido al poner a las mujeres negras en un estado de dependencia inmovilizante. El hombre de la casa era golpeado hasta la muerte ante las mujeres y los niños. A veces los hombres negros eran atados a dos caballos que se dirigían en direcciones opuestas para que el cuerpo del esclavo fuera desgarrado en dos partes en presencia de su familia. Esto era para asegurarse que la mujer se quedaría en su lugar y mantendría a los niños en su lugar (especialmente a los muchachitos), para que su destino no los llevara a estar entre dos caballos. Esto creó un orden alterado en la casa de los esclavos, donde las mujeres se volvieron fuertes y predominantemente controladoras. No podían evitarlo. No hay nada que una madre no vaya a hacer para salvar a sus hijos. Al mismo tiempo, los hombres se hicieron más débiles y asumieron un papel más dócil en la familia. Este sistema también incluía usar a negros para supervisar a otros negros. Por lo tanto, entre el amo y los esclavos siempre había un jefe *negro* que mantenía al resto de los negros en su lugar. Esto creó una fortaleza espiritual para que entre la gente negra siempre se indujeran unos a otros a someterse. Ningún ser humano podría haber ideado un plan como la teoría Willie Lynch. Era diabólica en esencia y se estableció para cambiar no solo el destino de la raza negra, sino también el tejido mismo sobre el cual se fundaron los Estados Unidos: la libertad religiosa y la igualdad. De alguna manera, los mismos hombres perseguidos que huyeron de Europa hacia América por causa de la opresión llegaron a ser los mayores opresores.

Los africanos tenían una constitución fuerte como pueblo. Tenían un profundo orgullo tribal entre ellos mismos. No tenían mentalidad de esclavos y ni siquiera sabían cómo ser esclavos. Eran magníficos guerreros y príncipes en su tierra. Se les tuvo que enseñar a ser esclavos. Willie Lynch vino del campo de prueba de esclavos del Caribe (donde los hombres eran quebrantados y convertidos en esclavos) a los Estados Unidos con una bolsa de papel marrón en la mano. Dentro de esa bolsa había instrucciones sobre cómo hacer un esclavo. Les dijo a los dueños de esclavos que lo que él tenía en la bolsa mantendría a los esclavos de los Estados Unidos en cautividad por alrededor de cuatrocientos años. Este es el tiempo que la gente negra estuvo realmente esclavizada en los Estados Unidos. La Biblia enseña que cuanto más los faraones de la tierra intentaban someter a los israelitas, más prosperaban estos (Éxodo 1:12). Cuanto más los oprimían con cargas, más se multiplicaban.

Orgullosa de ser estadounidense

Así como el pueblo hebreo recibió el favor extendido por Dios, así también lo han recibido los negros en los Estados Unidos. (En nuestro país se usa el término compuesto "afro-americano". Yo no me considero una ciudadana a medias de este país. Soy una estadounidense de pura raza; he estado aquí toda mi vida).

No se puede negar que ser negro no ha resultado ser algo malo en los Estados Unidos. En realidad, de una manera que rara vez nos tomamos el tiempo para sentarnos y considerar, somos homenajeados.

- El cabello rizado es una tendencia de moda.
- Muchas personas anhelan tener la piel oscura, ya que los salones de bronceado y las playas están muy de moda.
- No es ningún secreto que hay un gen de atletismo y éxito deportivo que por medio de la raza negra ha producido algunos de los mejores atletas del mundo.
- Por último, la moda de las mujeres de todas las edades es tener los traseros y labios enormes. Las mujeres de origen europeo de todo el mundo mantienen activos a los cirujanos plásticos a causa de esto.

Por medio de las luchas de la esclavitud y el movimiento de derechos civiles, Dios ha elegido por su gracia homenajear a la raza negra, le guste o no le guste a quien sea.

No importa cuánto lo intentó el diablo, no pudo someter a los hombres buenos. Si usted no ha leído ninguno de mis libros, u otros libros de otros predicadores de guerra espiritual, debo hacerle saber que las fuerzas espirituales usan personas. Si tuviera que utilizar una sola palabra para describir lo *negro*, eso sería *Satanás*. Sí, lo dije: "¡El diablo es un *negro*!". El espíritu luciferino es la entidad más astuta creada por Dios. Antes de la teoría Willie Lynch, la Biblia dice que hubo una guerra en los cielos. Lucifer cayó lo más lejos que alguien podría caer: desde la sala del trono de Dios hasta los abismos del infierno. Fue creado para ser un portador de la luz, pero se convirtió en el príncipe de las tinieblas.

Creados para un propósito

Dios creó todo. ¡Fue hecho por Él y para Él! Incluso el diablo, el príncipe de la gente de corazón oscuro, fue creado por Dios con un propósito. Quitar nombres de los diccionarios y sacarlos de la internet es solo poner una venda sobre el problema. Eso no cambiará el maligno plan de la gente de corazón oscuro. La Palabra de Dios dice que a los que aman a Dios, todas las cosas les ayudan a bien, a los que conforme a su propósito son llamados (Romanos 8:28).

Mientras escribía esta introducción, los Estados Unidos se acercaban a otra celebración del cumpleaños de Martin Luther King, Jr. Creo que lo que estoy diciendo respalda aquello por lo cual él luchó y murió. Él quería ver que los muchachos negros y blancos se convirtieran en los mejores amigos y en verdad pasaran tiempo juntos. Los niños de esta generación no saben cómo odiar y ser racistas a menos que sus padres les enseñen a ser de esa manera.

Sé que mucha gente no entiende cuando mis hijos adolescentes chocan los cinco con un amigo blanco y dicen: "¡¿Qué pasa, mi negro?!". ¡Yo sí! La palabra clave es *intención*. La intención del amo de esclavos al decir "Negro", no es la misma que la de dos jóvenes de raza diferente diciendo: "¡Mi negro!" Dios tomó lo que el diablo intentó para mal y lo dio vuelta.

Dios tomó la mala intención del enemigo y lo abofeteó en la cara con ella. Estoy de acuerdo en que hay algunas connotaciones de la jerga que utiliza esta generación que tienen adherida cierta oscuridad. La intención con que se usan tales palabras debe ser nuestro foco. Los espíritus de las personas que están detrás de las palabras cuando se las pronuncia significan mucho.

Mi generación todavía tiene un largo camino por recorrer cuando se trata de la unidad de las razas. Es lamentable, pero el maligno espíritu del racismo sigue haciendo estragos en todos los ámbitos de la vida hoy en día, incluso en la iglesia, y a menudo puede ser identificado por las palabras que utiliza.

Aunque siempre debemos ser sensibles a las personas, no podemos limitarnos a dejar ir las palabras. Yo he sido liberada de las drogas y de otras formas de vida negativas. Para obtener mi liberación, no fue necesario deshacerme de los fumaderos de crack. Puedo pasar junto a ellos cómodamente y con la seguridad de que esa fortaleza ha sido quitada de mi vida para siempre. La mayor liberación que una persona puede llegar a experimentar es mirar a los ojos a los opresores del pasado y decirles: "¡Nunca más tendrás poder sobre mí!". Hoy soy verdaderamente libre.

Tuve que pagar un precio para llegar a donde estoy respecto a este tema. Yo estaba en un equipo universitario de atletismo donde todos eran blancos en Gresham, Oregón, cuando tenía diecinueve años. Yo era la única mujer negra del equipo que llegó al campeonato nacional. En la práctica mis compañeros ignorantemente me llamaban *negra*. Ellos *realmente* no entendían bien lo que decían. Para la mayoría de ellos, yo era la primera negra con quien habían estado en una habitación. En realidad pensaban que era correcto usar la palabra *negra* cuando me hablaban. Luché contra ellos, tirándole el cabello a las muchachas blancas, e incluso les dije palabrotas. Me di por vencida y decidí no responder a la negatividad racial. Empecé a odiar a los blancos con pasión y hasta juré romper la pierna de una chica blanca de mi equipo de relevos después del campeonato nacional.

Finalmente, nuestro equipo fue al campeonato de atletismo nacional en San Angelo, Tejas. Nunca olvidaré lo que sucedió cuando nos acercamos al campus de la universidad. Las palabras que escuché de un chico blanco en la parte trasera del autobús quedarán para siempre en mi mente.

En primer lugar, permítame dar algunos antecedentes sobre mi tiempo en Gresham. En muy raras ocasiones vi gente negra mientras viví allí. No había muchos en mi escuela o en Gresham, Oregón, en general. Así que cuando miré por el parabrisas del autobús y vi gente negra por todas partes, no lo podía creer. Mi corazón se regocijó al ver por fin la gente que se parecía a mí. El que dijo que el color no importa nunca vivió en Oregón como uno de los pocos negros de ese tiempo.

- Tuve que quedarme en el autobús del equipo en ciertas pequeñas ciudades y reservaciones en la década de 1980 cuando viajaba a los encuentros, solo porque soy negra.
- Había una sola estación de radio negra que transmitía una hora los domingos (KABU), y tuve que amar de veras el rock and roll.
- En una ocasión, la cesta de compras de una anciana se cayó de un empinado estacionamiento en una tienda de comestibles en Oregón. Corrí, evité que la cesta se estrellara y se la llevé a la anciana, solo para que ella me mirase a los ojos y dijera: *"Negra, ¿quien te pidió que tocaras mi cesta?"*.
- Yo fui una de las pocas negras que asistieron al Mt. Hood Community College. Cuando yo hablaba (especialmente con mi dialecto sureño), toda la clase se daba vuelta y me miraba en silencio. Mis compañeros de clase blancos corrían hacia mí con sus amigos y decían: "Kim, di algo", y luego pedían que los demás escucharan la forma en que hablaba. Me sentí como un espectáculo, pero dentro de mí sabía quién era yo. Terminé con un GPA (promedio) de 3.65, mientras me encargaba de una casa y cocinaba una cena de cuatro platos para el padre de mi bebé que vivía conmigo. Trabajaba en un empleo a tiempo parcial en Sears, pasaba a diario por un entrenamiento riguroso en el húmedo clima de Oregón (a menudo tomando el autobús de la ciudad), asistía a

clases, y completaba las tareas difíciles como la primera de mi clase. Por último, pero no menos importante, cuidaba a mi bebé de dieciocho meses de edad, Mike-Mike, quien ahora es un graduado de la Universidad Estatal de Florida y un campeón de la NFL Super Bowl.

Vuelvo a las palabras pronunciadas por mi compañero de equipo de la parte trasera del autobús.

Cuando nos acercamos al campus, dijo: "Caramba, ¡miren a todos los *negros*!". Para entonces, estaba tan acostumbrada a oír la palabra que ni siquiera me volví a mirarlo. Yo estaba en la parte delantera del autobús con las rodillas dobladas y los pies en la parte trasera del asiento de adelante. Le respondí en mi mente: "Sí, ¡y yo voy a ser la *negra* más veloz de la universidad de toda la nación!".

Esa semana me convertí en la campeona universitaria nacional en cuatro eventos y en la MVP (la mejor jugadora) de todas las mujeres universitarias de la nación. Recibí ofrecimientos de becas universitarias completas de casi todas las universidades de la División I en Estados Unidos. Decidí asistir a la Universidad Estatal de Florida, donde obtuve una licenciatura en criminología.

Muchos no entenderán la postura que tomé en el autobús cuando mi compañero de equipo hizo esa declaración horriblemente despectiva. La verdad es que yo no podía distraerme con sus palabras. El destino que se hallaba ante mí tenía en mi mente un poder más grande que el de esas palabras. Mi atención se centró en la razón por la que estaba en San Angelo: ¡convertirme en campeona nacional! Con tres chicas blancas que corrían las primeras tres carreras del campeonato de relevos de 4 x 100 m y 4 x 400 m, recibimos medallas de oro con el nivel All-America. Creo que esas chicas blancas eran las únicas blancas en las finales de las carreras de relevos esa semana. Se habían vuelto la minoría. Fue una sorpresa desagradable para ellas y para mí una experiencia que me cambió la vida. En el podio de los ganadores nunca pensé en quebrar las piernas de mis compañeras de equipo. ¡Éramos campeonas nacionales! Aunque yo no quisiera admitirlo, necesité a esas chicas blancas para ganar esa carrera de relevos. Yo no podía correr las cuatro etapas sola.

Si usted consulta en Google "Mt. Hood Community College", puede ver que todavía tenemos el registro de la escuela con el gran entrenador Jim Puckett, quien puedo decir sinceramente que no tiene un hueso de prejuicio en su cuerpo. Cada vez que oía declaraciones despectivas contra mí, se ocupaba de ellas. Incluso, cuando íbamos a hoteles, ponía a dos o tres chicas blancas en habitaciones dobles ¡y a mí me ubicaba en hermosas suites *para mí sola*!

Campeón para Dios

¿Cuál es la moraleja de esta historia? Bueno, los muchachos blancos pueden saltar, las chicas blancas pueden correr, y no toda la gente blanca es prejuiciosa. Oro para que este diccionario sea un gran recurso para sus estudios y brinde crecimiento sobrenatural a su vida espiritual. Me sentí guiada a compartir un poco de mi testimonio con usted para que a medida que busca términos en este libro pueda sentir mi corazón. Dios me llevó por el camino largo por el desierto de la vida. Tengo el honor de escribir libros que la gente realmente compra. Crear un diccionario es incluso más que una bendición y seguramente nos hace humildes. Este es el segundo volumen de la visión de tres volúmenes del *El diccionario sobre los demonios*.

Mientras escribo esta introducción, se lo dedico a mis hijos: Faith, Michael, Tiffoni, Ardell Jr. (quien está con el Señor), y a los gemelos, Elijah y Elisha. Mis hijos han hecho grandes sacrificios. Mi horario de viajes, pastorear las iglesias, escribir libros, e incluso tener la asignación de un cargo político, requiere una gran cantidad de tiempo que yo podría pasar con ellos.

A mis hijos: los amo y aprecio como han sido grandes ejemplos en la vida y han alcanzado muchos logros. Ante todo, ustedes han sido la bendición de una madre.

Para concluir, mientras escribo esta introducción, Elijah y Elisha han recibido cartas de casi veinte escuelas de la División I, y solo están en el décimo grado. Se han clasificado en las primeras posiciones de los campos de fútbol más destacados de los Estados Unidos, incluyendo el campo de Peyton Manning. Elijah recibió el Premio Helmet de la Universidad de Miami para chicos de la escuela secundaria, por sus logros en el campo de la Universidad de Miami. Ambos fueron invitados a un campamento con quinientos de los mejores jugadores de fútbol de escuela secundaria de la nación (High School All-Star Game en San Angelo, Tejas). Elisha terminó el campamento con las estadísticas del número uno en dos eventos de todos los estudiantes novatos allí.

Creo que tuve que experimentar algunas cosas en mi pasado para que mis hijos no tengan que hacerlo. Pero tengo que decirles cómo eran las cosas antes para que no den por sentado cómo son las cosas ahora.

Oro para que este libro sea un recurso para su biblioteca espiritual y una bendición para su alma.

Una nota especial a la iglesia

Vivimos en el mundo, pero no somos del mundo. Como hacían los muchachos hebreos en Babilonia, tenemos que aprender a tener la victoria y a tomar autoridad sobre las ataduras en nuestro medio (Daniel 3:1, 8-30). Pregunta: ¿Cómo puede usted amar a Cristo y odiar a alguien por su raza, credo o color? Ame a todos como Cristo los ama. No permita que el racismo sea una fortaleza en su iglesia o en su hogar. ¡Dios lo bendiga!

CAPÍTULO 1
Los símbolos manifiestan mensajes

L OS SÍMBOLOS ERAN muy importantes en los tiempos bíblicos. Ezequías fue uno de los reyes recordados por derribar los lugares altos. Él quitó las imágenes idólatras y taló los bosques de Asera que había sido adorada por generaciones. Lo más significativo fue la imagen de la serpiente de bronce que Moisés había hecho en su tiempo. El nombre de la imagen era Nehustán. (Ver 2 Reyes 18:4). Era un palo con una serpiente envuelta a su alrededor. Cuando Dios permitió que los hijos de Israel fueran acosados por víboras venenosas, Moisés levantó el Nehustán y quienes lo miraban eran sanados. Ese fue un remedio que Dios le dio a Moisés para ese tiempo.

Me resulta fácil relacionar esto con actos espirituales de hoy. Dios puede decirle a alguien que ore por un galón de agua y que haga que una persona enferma lo beba para ser sanada. El poder en el acto no es el galón de agua, sino la obediencia a Dios. Cuando el profeta Eliseo le dijo a Naamán que se zambullera en el río siete veces, Naamán no podía hacer que todas las personas enfermas de su familia fueran al mismo río. Era un acto profético específicamente dado para Naamán.

El problema viene cuando la gente comienza a adorar galones de agua o ríos de sanidad. Se comete el pecado de adorar a las criaturas antes que al Creador. Se da un paso hacia el ámbito de las obras de la carne. La brujería es una obra de la carne. La Biblia declara que en los últimos días muchos se apartarán a señales y prodigios mentirosos. Los que quieren saber la verdad deben entender la diferencia entre *brujería* y *actos proféticos de obediencia*. Cuando el rey Saúl pecó contra Dios, el profeta le dijo que la obediencia era mejor que el sacrificio. El pasaje sigue explicando que la rebelión es igual que la brujería. (Vea 1 Samuel 15:22-23).

Está en la naturaleza de los hombres querer algo que puedan relacionar con la esfera de los sentidos (gusto, tacto, olfato, vista, oído) para hacer frente a los problemas de la vida. La Palabra de Dios dice que andamos por fe y no por vista (2 Corintios 5:7). También nos dice que lo que vemos es temporal, pero lo que no podemos ver permanece para siempre (2 Corintios 4:18). Cuando Moisés no se movió lo suficientemente rápido para el pueblo, ellos no pudieron esperar en Dios, sino que construyeron un becerro de oro (algo que podían ver). Desde ese entonces la idolatría se ha manifestado en gran medida a través de símbolos o cosas que los hombres han fabricado para representar los deseos de sus corazones.

En el ejemplo de cuando Ezequías destruyó la serpiente de bronce (Nehustán), él sabía que la gente había estado pidiéndole milagros a este ídolo desde la época de Moisés. Era un ídolo generacional, y lo sigue siendo hoy. El símbolo médico de los Estados Unidos es un palo con una serpiente en él, ¡un Nehustán moderno! Ezequías le dijo a la gente que volviera sus corazones a Dios. Dijo que el ídolo era solo una baratija insignificante que no valía el oro del cual estaba hecho.

Este capítulo resalta símbolos que se relacionan con la actividad (secreta) del ocultismo y lo demoníaco. Desde el comienzo del tiempo, se han transmitido mensajes a través de símbolos. Vivimos en una época en que el fetichismo (el ministerio de demonios mediante objetos) hace estragos en la vida de víctimas desconocidas. Si no me cree, fíjese en la vida del sucesor de Moisés, Josué. Él era un gran conquistador, hasta que fue derrotado por un par de objetos de su campamento. (Vea Josué 7.) Oro para que usted preste atención a los símbolos de este capítulo y sea consciente de las cosas malditas que puedan estar infestando su vida. Recuerde, hay un mensaje en cada símbolo.

Antes de llevarlo al ámbito del simbolismo ocultista, es importante que usted entienda la contaminación espiritual.

Contaminación espiritual

Hay contaminación espiritual cuando una persona, lugar o cosa han sido contaminados o influenciados por algo que causa que la persona se deteriore espiritualmente. Es como si se le hubiera contagiado a esa persona algo que cambia su vida para peor. La contaminación espiritual es la falsificación de lo que el Espíritu Santo quiere hacer en nuestras vidas. Él quiere entrar en contacto con nosotros y cambiar nuestras vidas para bien. Un hombre natural, o alguien que camina por vista y no por fe, no comprenderá lo que estoy diciendo. Oro que las escamas y los velos sean quitados de sus ojos para que pueda tener una revelación del ámbito del espíritu, que abarca tanto lo bueno como lo malo. Hay contaminación espiritual cuando una persona ha sido tocada por algo que es maligno.

Términos y definiciones

aceite-ven-a-mí
Un tipo de poción de amor que es usada como perfume o colonia por una persona que desea atraer a otra a una trampa de amor, haciendo que la persona esté sin control bajo su hechizo. La fragancia prepara demoníacamente la atmósfera para hipnotizar a su víctima en un fuerte capricho por el que usa el aceite.

alimentación demoníaca

Uso de alimentos como una herramienta para la brujería.

álter ego

Invocación de un espíritu familiar para ayudar a una persona a hacer lo que ella naturalmente no puede, o para convertirse en alguien que no es en lo natural.

amuleto

Objeto, por lo general con forma de joya, que es llevado o conservado por una persona para que tenga poderes mágicos o protección contra el mal.

baños espirituales

Poción por la cual se oró demoníacamente y luego es colocada en el agua del baño de un individuo. Este tipo particular de brujería es utilizado principalmente por personas que desean resultados en sus vidas y no tienen fe para esperar respuestas de Dios. Las pociones también son utilizadas por los que quieren hacer oraciones malignas (oraciones que son "equivocadas" o están fuera de la voluntad de Dios), o por personas que desean poderes espirituales ajenos al Espíritu Santo. Por ejemplo: Una persona que trata de ganar la lotería puede ir a un espiritista quien puede darle una botella de aceite para poner en el agua del baño. Cuando yo tenía catorce años un espiritista intentó darme una botella de aceite para bañarme a fin de convertirme en la corredora más veloz del mundo. Aunque yo era espiritualmente ignorante, rehusé su oferta. Después llegué a entender que ganar el mundo y perder mi alma no era un buen negocio.

calderos

Ollas de ebullición utilizadas para la brujería.

conjuros para enjaular

Fetiche que se utiliza como un punto de contacto para enjaular o controlar la mente de una persona. El fetiche puede estar hecho como el símbolo de un diseño de ta-te-ti, o de una estrella de cinco puntas y dos círculos, o una caja como un ataúd con el nombre de una persona. Se coloca en la propiedad, negocio o área de trabajo de la persona. Este tipo de embrujo enceguece o "enjaula" espiritualmente la mente para que el discernimiento de la persona no funcione. Tienden a seguir el liderazgo de personas que no tienen buenas intenciones y se vuelven contra gente que en realidad está a favor de ellos.

contaminación de palabra

Uso de la muerte en la lengua para llevar pérdida, destrucción y desgracia a otros por medio de:

1. Hechizos
2. Encantamientos
3. Maleficios
4. Vejaciones

contaminación familiar

Objetos o actos que están conectados con la manipulación espiritual de las vidas, el control de situaciones, circunstancias o ambientes por medio de la oscuridad.

cruces espirituales

Lugar en el espíritu donde los caminos se cruzan.

escalera de brujas

Cuerda y cuentas o plumas utilizadas como un punto de contacto que crea un hechizo. Por lo general se la coloca en la propiedad de la persona para enviar muerte o desastre.

fetiche

Objeto conectado directamente con la brujería debido al poder demoníaco que se le atribuye (talismán, amuleto, talismán africano, o pieza de suerte). Un fetiche también puede ser una fijación o preocupación por una persona, lugar o cosa; una especie de idolatría.

guías espirituales

Uso de demonios para guiar a las personas en su actividad cotidiana. Así como los creyentes dependen del Espíritu Santo como una guía, algunos dependen de poderes superiores de las tinieblas.

líneas ley

Una imaginaria línea demoníaca colocada alrededor de un área determinada donde se asignan demonios para librar una guerra espiritual territorial dentro de los perímetros.

muñecos vudú

Muñecos usados para representar a una persona y ejercer brujería sobre ellos.

piedra de arpías

Piedra perforada naturalmente usada como amuleto contra la brujería, también conocida como piedra de víbora. Estas piedras se llaman piedras de *arpías* porque también son usadas por las brujas, a las que se hace referencia como arpías. Las brujas usan estas piedras en rituales y hechizos mágicos para magia blanca (la así llamada magia buena) y magia negra (mala).

poción mágica

Pociones, aceites o líquidos utilizados para la magia negra o blanca.

polvillo demoníaco

Sales, polvos y otras sustancias relacionadas utilizadas como un punto de contacto para liberar maldiciones sobre individuos inocentes.

sacrificios a los dioses de la carretera

Sacrificios animales colocados al lado de la carretera.

sacrificios de animales

Animales utilizados como sacrificios con propósitos de brujería.

sacrificios en los cruces

Sacrificios animales que se ponen en intersecciones con fines de brujería.

talismán

Objeto que se cree que tiene poderes mágicos, que se usa para enviar una maldición, proteger de una maldición, o traer buena suerte.

CAPÍTULO 2

Simbolismo ocultista

Símbolos generales del ocultismo

abejas, colmenas

Las abejas han sido consideradas sagradas en muchas culturas desde el comienzo de la civilización. Como símbolo, el estilo de vida de las abejas les hizo ser emblemas del trabajo duro, la laboriosidad, el trabajo en equipo, la perseverancia y la constancia. La abeja era un símbolo de la realeza en el antiguo Egipto, y emblema real de inmortalidad y resurrección en la época de Napoleón. La francmasonería adoptó la colmena como un símbolo de industria, y la miel se ha utilizado para ilustrar enseñanzas morales, incluso en textos bíblicos. Muchos emblemas heráldicos y sellos personales representaban las virtudes de las abejas, incluso los emblemas de la masonería, la Iglesia de los Santos de los Últimos Días, y los primeros creyentes griegos y cristianos.

Akua'ba (Akwaba, muñeca africana de la fertilidad)

Una Akua'ba es una figura tallada de Ghana y zonas cercanas utilizada por la tribu africana Ashanti para promover la fertilidad y proteger a las mujeres embarazadas. Estas muñecas tradicionalmente son llevadas por las mujeres o lavadas ritualmente y cuidadas cuando no se usan.

alfabeto tebano (alfabeto Wicca, alfabeto de brujas, runas de brujas)

El alfabeto tebano es un sistema de escritura utilizado casi exclusivamente por los wiccanos como sustitución cifrada para proteger los escritos mágicos de las miradas indiscretas. Sus orígenes son desconocidos; se atribuyó a Honorio de Tebas, aunque no se encuentra en ninguno de sus escritos. También es conocido como alfabeto de las brujas, debido a su uso en la Wicca moderna. Se asemeja a los alfabetos antiguos y corresponde al antiguo alfabeto latino, sin los caracteres modernos J, U y W, que se transliteran en el uso moderno. El tebano fue introducido a la Wicca por su fundador, Gerald Gardner. Para utilizar el tebano como un sistema cifrado, sustituye las letras tebanas por las letras españolas, como se muestra a continuación:

K L M N O P Q

S T V X Y Z Ω

anj (cruz ansada, llave de la vida, llave del Nilo)

El anj es un antiguo símbolo egipcio de la vida, pero sigue estando hoy con nosotros como una cruz cristiana. Representa el concepto de la vida eterna. Se puede encontrar en pinturas de tumbas egipcias y fue usado por los egipcios como amuleto, o creado como espejo decorativo. Las barras horizontal y vertical de la cruz tau inferior representan la energía femenina y masculina, lo que sugiere fertilidad y poder creativo. La curva superior simboliza el sol en el horizonte, y sugiere la reencarnación y el renacimiento. En los círculos Wicca y neopaganos, el anj es un símbolo de inmortalidad y completud.

atame

El atame es una daga ceremonial de doble filo, por lo general con un mango negro, que representa el elemento fuego. Representa las cualidades masculinas de conciencia, acción, fuerza y resistencia. El uso principal es dirigir la energía y *trazar el círculo*, dibujar el círculo mágico utilizado en las prácticas tradicionales de aquelarre. Considerado un emblema personal, hay muchas variedades utilizadas en la práctica real. El uso del atame se originó en la Edad Media y es anterior a la Wicca.

Bafomet

El Bafomet es un ídolo pagano que generalmente se muestra como una imagen con dos cabezas o caras masculinas, a menudo una grotesca cabeza de cabra y figuras femeninas, que muestran emblemas e inscripciones extraños. Fue descrito por primera vez durante los juicios a los templarios, una orden medieval de monjes cruzados acusados de herejía, brujería y otros delitos, y torturados y quemados en la hoguera por el rey Felipe IV en el siglo trece. La Orden de los Templarios, fundada en 1118 por el noble Hughes de Payens, originalmente fue usada para proteger a los cristianos que peregrinaban a Jerusalén. Ellos habían acumulado gran riqueza y propiedades en el siglo trece. Se convirtieron en una amenaza política para la Iglesia y sobre todo para el rey Felipe de Francia, que levantó más de un centenar de cargos en su contra, e hizo arrestar, torturar y asesinar a todos los templarios de Francia. Los cargos incluyeron adorar un ídolo, a saber, una grotesca cabeza barbuda (otras descripciones discrepan) llamada Bafomet. El ocultista del siglo diecinueve Eliphas Levi representó un Bafomet dibujado con la cabeza de una cabra y un cuerpo humano con pezuñas y alas con muchos elementos simbólicos.

calavera y tibias cruzadas (la cabeza de la muerte, Jolly Roger)

Los orígenes de la familiar calavera con huesos cruzados no están claros. El símbolo se ha encontrado en catacumbas cristianas, así como en las antiguas culturas mayas y etruscas. En tiempos más recientes, el cráneo y las tibias cruzadas se ha convertido en el símbolo del veneno. Es un símbolo que aparecía en banderas que flameaban en los barcos guerreros templarios y en barcos piratas en alta mar. Es un símbolo importante de la masonería, que se encuentra en muchas lápidas, espadas ceremoniales, ropa y fajas masónicas. Se utiliza en las ceremonias de iniciación como un símbolo de renacimiento.

caldero

El caldero se encuentra en la antigua mitología celta. Fue utilizado en ritos mágicos como emblema de abundancia y de inspiración divina. Se sigue usando como una herramienta ritual Wicca en prácticas mágicas para quemar incienso y peticiones de papel o mezclar hierbas. Los calderos suelen venderse en tiendas de la Nueva Era y tiendas metafísicas con diversos símbolos de poder inscritos en ellos.

Cernunnos

Cernunnos es el nombre dado a una antigua deidad celta con cuernos que representa el "dios astado" del politeísmo. Se lo identifica frecuentemente como un dios de la naturaleza o la fertilidad.

chi wara (chiwara)

Un chi wara es un objeto ritual que representa un antílope, a menudo utilizado como tocado o máscara en las danzas y rituales asociados con la agricultura. El chi wara simboliza la armonía entre hombres y mujeres, y representa tanto el agua que fluye como una cosecha abundante. Se cree que promueve la abundancia de la cosecha de mijo, el alimento básico de Bambara.

copa o cáliz

La copa o cáliz es un vaso o copa con base, y es un símbolo del elemento agua. En Wicca es un principio femenino usado a menudo en combinación con el atame, como símbolo de la creatividad universal.

cruz etíope

Las cruces etíopes son intrincados símbolos entrelazados y estilizados usados principalmente por los cristianos africanos. Sus diseños son sumamente diferentes de las cruces europeas similares.

cruz solar (cruz de Odín, cruz solar)

La cruz solar, una cruz dentro de un círculo, es probablemente el símbolo religioso más antiguo del mundo, y se encuentra frecuentemente en el simbolismo de las culturas prehistóricas. Representa los movimientos del sol, marcados por los solsticios. En su forma más simple, se la conoce como la cruz de Odín, por el dios principal de la religión nórdica. Ha sido adoptado en el neopaganismo, el esoterismo y el ocultismo. En astronomía el mismo símbolo se usa para representar a la tierra más que al sol. La esvástica es también una forma de cruz solar.

dearinth

Diseñado por Oberon Zell, fundador de la Iglesia de Todos los Mundos, el símbolo dearinth se basa en antiguos diseños de laberinto que simbolizan los nueve niveles de la iglesia. Incorpora imágenes de la diosa Wicca / neopagana y del dios astado.

dios astado

El dios astado, visto como el lado masculino de la divinidad, es una de las dos deidades principales encontradas en las religiones neopagana y Wicca. En la creencia wiccana se asocia comúnmente con la naturaleza, la tierra salvaje, la sexualidad, la caza, y el ciclo de la vida. Siempre se muestra, ya sea con cuernos o con cornamentas, así como puede verse en esta imagen estilizada. Los wiccanos creen que el dios astado es su "confortador y consolador" después de la muerte y antes de la reencarnación. Él gobierna el inframundo donde las almas de los muertos esperan la transmigración.

diosa madre

Diosa madre es un término utilizado para referirse a una diosa que representa la maternidad, la fertilidad y la creación. Muchas culturas tienen figuras tradicionales que representan a su diosa madre. La diosa madre adorada por la Wicca moderna y otros neopaganos es una combinación de estas personalidades de la cultura y se asocia con la luna llena, las estrellas, la tierra y el mar.

Eleggua (Elegua)

Esto se ve usualmente como una efigie con una cabeza de fetiche que representa a Eleggua, una orishá de las religiones yoruba y santería. Está asociado con "la apertura de caminos" y el cruce de caminos. Se lo suele representar como un niño juguetón o un bromista. Estas efigies se colocan generalmente detrás de las puertas frontales para proteger la entrada y evitar que el daño entre a la casa.

escobón o escoba

El escobón, o escoba, es una herramienta ritual de la práctica Wicca, tradicionalmente hecha de ramas atadas a un palo. Habiendo sido durante mucho tiempo un símbolo de la domesticidad de las mujeres, el escobón o escoba se usa para "barrer" la energía negativa de una casa o de otro espacio. El escobón / la escoba se sigue utilizando durante la costumbre wiccana de *handfasting* (unión de manos) de "saltar la escoba" en los matrimonios, donde la misma actúa como un umbral de espera que los recién casados saltan para consolidar sus votos.

estrella de los elfos (estrella de siete puntas, septagrama, heptagrama, estrella de las hadas)

El septagrama es una estrella de siete puntas dibujada de continuo, asociada a los wiccanos que siguen la tradición Faery, donde se la llama estrella de los elfos o de las hadas. En la cábala occidental simboliza la esfera de Netsaj, los siete planetas, los siete metales alquímicos, y los siete días de la semana.

hombre en el laberinto (I'itoi)

El hombre en el laberinto se refiere a un emblema que aparece en diseños nativos de cestería y joyería de la nación india nativa del sudoeste americano Tohono O'odham. Representa a I'itoi, el maliciososo dios creador del inframundo saliendo de un laberinto, y se dice que representa las experiencias y opciones en el camino de la vida. El centro es oscuro, pues la tradición dice que el viaje es de las tinieblas a la luz. El pueblo O'odham creía que I'itoi reside en una cueva debajo de la Montaña Baboquivari, y los visitantes de la cueva traen un presente que asegura que saldrán a salvo de las profundidades de la cueva.

Hombre verde (cabeza cubierta de hojas)

El Hombre verde es una misteriosa representación de una cara rodeada o hecha de hojas, que se encuentra principalmente en esculturas de piedra medievales europeas. Las ramas o enredaderas con frutas o flores suelen brotar de la nariz, la boca y otras partes de la cara. El Hombre verde se halla en muchas culturas de muchas eras en todo el mundo y es principalmente representativo del ciclo de crecimiento de cada primavera. Las esculturas tienen una cualidad misteriosa e inquietante. Las esculturas o grabados parecen ser paganos, sin embargo, con frecuencia se encuentran tallados en madera o piedra en iglesias y catedrales, que datan hasta el siglo veinte. Hombres verdes se presentan a menudo en la literatura fantástica y en la ciencia ficción moderna. El Hombre verde ahora es una mascota inconfundible del movimiento religioso neopagano, donde sirve como un símbolo de fertilidad y vibrante energía de la vida.

Jaquín y Boaz (Misericordia y Severidad)

Jaquín y Boaz son dos pilares de cobre, latón, o bronce que estaban en el pórtico del Templo de Salomón en Jerusalén. Boaz se situaba a la izquierda y Jaquín a la derecha. Tenían casi seis pies de espesor y veintisiete pies de altura. Los pilares se describen en textos bíblicos y se cree que son pilares independientes a cada lado de la entrada. Muchos creen que los nombres representaban a los constructores o colaboradores de la construcción del templo, o tal vez los nombres de miembros de la casa real. Tienen el doble significado de relación personal entre el Templo y la familia real, y un símbolo de la presencia de Dios dentro del Templo. Estos pilares son exhibidos principalmente en templos masónicos. En las enseñanzas masónicas son símbolos de verdades más profundas. En la Cábala mística judía, Jaquín y Boaz son los pilares situados a la izquierda y derecha del árbol de la vida, y representan la misericordia y la fuerza.

laberinto

El laberinto es un camino que serpentea como un dédalo que conduce al centro. En la mitología griega la función del laberinto era contener a una criatura mítica mitad hombre y mitad toro. Los laberintos aparecen en muchas culturas antiguas como diseños en cerámica o como grabados en las paredes de cuevas e iglesias. Muchos laberintos se encuentran en los pisos de baldosa o mosaico con una trayectoria que podría caminarse, a menudo como parte de un ritual espiritual. Un resurgimiento del interés en el diseño del laberinto en los últimos años ha inspirado un renacimiento en edificios que contienen una trayectoria de laberinto. (En la actualidad hay aproximadamente mil quinientos laberintos solamente en las iglesias de los Estados Unidos.)

labrys (hacha de doble filo, pelekus)

La labrys es un hacha de doble filo utilizada originalmente en la batalla por guerreras amazonas escitas. Con mayor frecuencia se encuentra en los registros históricos de la antigua civilización minoica y era un símbolo usado en la adoración a la diosa madre. Se han hallado hachas dobles que son más altas que un ser humano. En el uso moderno, es un símbolo del neopaganismo. Se ha convertido en un símbolo de los movimientos de lesbianas, de feministas, y de la diosa, y representa la fuerza y la autosuficiencia de las mujeres.

León de Judá

En la religión rastafari el León de Judá es un emblema de Rastafari, y representa al antiguo emperador etíope Haile Selassie I. Los rastafaris creen que Selassie era el Mesías, el "Rey de reyes", que descendía directamente de las tribus de Israel. Mientras vivió, el emperador usaba el emblema como un anillo de sellar. La bandera de Etiopía es llevada en la boca del león, y la corona es la del emperador. Esta es una absoluta blasfemia y una burla del título atribuido a Jesucristo el Mesías en el libro de Apocalipsis.

mandrágora (Mandragora)

Las raíces de mandrágora, que contienen alcaloides anestésicos, se han usado en rituales de magia durante siglos. Según la leyenda, la raíz de mandrágora da un grito ensordecedor cuando se la desentierra, que puede incluso matar a los que oyen el sonido. En el libro de Génesis Raquel hace un trueque con Lea por una planta de mandrágora, que usa como afrodisíaco para concebir un hijo. La planta se usa ampliamente como ingrediente de pociones mágicas, y se dan complejas instrucciones para la recolección de las raíces. A menudo se usaban perros para sacar la raíz, los cuales protegían a su amo de la muerte. Una superstición común era la creencia de que la planta se propagó por la sangre de un hombre condenado y creció debajo de una horca.

ojo que todo lo ve (Ojo de la Providencia, Ojo de Dios)

El Ojo de la Providencia a veces se interpreta como un símbolo del ojo de Dios que vela sobre la humanidad. El ojo se representa generalmente rodeado de rayos de luz y de un triángulo. Muchas religiones han usado la imagen de un ojo en su simbología. Uno de los primeros ejemplos es el Ojo de Horus en la mitología egipcia. En la Edad Media y el Renacimiento se convirtió en un símbolo de la trinidad cristiana. Fue adoptado como parte del Gran Sello de los Estados Unidos en 1782. Hoy, el Ojo de la Providencia suele estar relacionado con la Masonería y se hace referencia a él como el Gran Arquitecto del Universo.

oshé Shanó (hacha de baile oshé Shangó)

En la religión yoruba Shangó es uno de los orishás o dioses más populares, conocido como el dios del fuego, el rayo y el trueno. Llevaba un hacha de doble filo, la oshé de Shangó. Se dice que él creó el trueno y el relámpago lanzando piedras de trueno al suelo. Los sacerdotes buscaban estas piedras en el área impactada por un rayo, que generalmente tenían una forma de hacha de dos filos, y se creía que tenían poder místico.

pentagrama (pentáculo, pentángulo, pentalfa)

El pentagrama es la forma de una estrella de cinco puntas dibujada con cinco movimientos rectos. El emblema se ha utilizado como símbolo religioso durante siglos. Los griegos creían que tenía propiedades mágicas y era usado como amuleto contra brujas y demonios. Por un tiempo, un pentagrama fue el sello oficial de la ciudad de Jerusalén. Fue utilizado por los cristianos medievales para simbolizar las cinco llagas de Cristo. En el siglo veinte, una estrella de cinco puntas invertida fue asociada con el satanismo. En las religiones Wicca/paganas simboliza los cinco elementos: tierra, aire, agua, fuego y espíritu. En la masonería el pentagrama suele llamarse "estrella ardiente". Sorprendentemente, se la puede encontrar en los símbolos de los primeros gobiernos de los Estados Unidos, tales como la bandera, el gran sello, y nuestra moneda.

rueda de Hécate (Strophalos de Hécate)

Símbolo de la antigua Grecia, la rueda de Hécate, o Strophalos de Hécate, es un símbolo utilizado por algunas de las tradiciones de la Wicca, y representa tres aspectos de la diosa Hécate: doncella, madre y vieja bruja. Tradicionalmente el símbolo semejante a un laberinto tiene una Y en el medio en lugar de la típica X hallada en el centro de la mayoría de los laberintos. En la leyenda griega Hécate era conocida como guardiana de las encrucijadas y después se convirtió en una diosa de la magia y la hechicería.

Rueda del Año

El símbolo de ocho puntas de la Rueda del Año es un ciclo anual de festivales de estación, observado por muchos paganos modernos. La cruz solar de ocho brazos se usa para representar el símbolo. Los ocho festivales, sujetos a los movimientos solares, son los momentos más comunes para las celebraciones comunitarias. Los nombres y fechas de los festivales celebrados por diferentes sectas del paganismo moderno pueden variar considerablemente.

Seax-Wicca

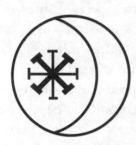

Seax-Wicca es una rama de la religión neopagana de la Wicca que influyó en el paganismo anglosajón histórico. La tradición honra a las deidades germánicas que representan las deidades wiccanas del dios astado y la diosa madre. El emblema Seax-Wicca simboliza el sol, la luna y los ocho Sabbats o días santos.

símbolo del sol Zía Pueblo

Los indios Zía de Nuevo México consideran al sol como un símbolo sagrado, representado por su símbolo del sol: un círculo rojo con cuatro grupos de rayos. Los Zía consideran sagrado el número cuatro, como se ve en los cuatro puntos cardinales, las cuatro estaciones del año, los cuatro periodos del día (mañana, mediodía, tarde y noche) y las cuatro estaciones de la vida. El símbolo es muy antiguo y puede hallarse en artefactos de la tribu Zía Pueblo. Aparece en la bandera de Nuevo México y en muchos diseños del estado.

triquetra (triqueta, nudo de la trinidad)

También conocida como "nudo de la trinidad", la triquetra se forma a partir de vesica piscis entrelazadas, que marcan la intersección de tres círculos. Ha sido hallada en piedras rúnicas en el norte de Europa y en monedas germánicas primitivas. Es similar al valknut, un símbolo asociado con Odín. Durante los dos últimos siglos ha sido usado por cristianos celtas, paganos y agnósticos, y para los cristianos es un signo de la Trinidad santa (Padre, Hijo y Espíritu Santo). La triquetra es uno de los símbolos cristianos más antiguos, y precede al crucifijo por cientos de años. A veces se encierra en un círculo para enfatizar la unidad de los tres círculos interconectados. Los grupos wiccanos y neopaganos modernos usan el símbolo para una variedad de conceptos y figuras mitológicas. Los neo-wiccanos y algunos de la Nueva Era utilizan el símbolo para la Triple Diosa o como símbolo de protección. Algunos escritores evangélicos y partidarios de la teoría de la conspiración han etiquetado la triquetra como un *símbolo satánico*, pero no hay evidencia que apoye ese pensamiento. Algunas marcas y logotipos modernos utilizan el diseño, incluyendo su aparición en la serie de televisión *Charmed* (Hechiceras).

ureus

El ureus es la forma estilizada, en posición vertical de una cobra egipcia, y se utilizaba como símbolo de la autoridad divina en el Antiguo Egipto. Era un símbolo de la diosa Wadjet, patrona del delta del Nilo y protectora del Bajo Egipto. Los faraones usaban el ureus como parte de la corona del faraón. También fue usado en joyería, amuletos, o como un jeroglífico.

uróboros (ouroboros, serpiente del infinito)

Ouroboros es una palabra griega para un antiguo símbolo circular que representa una serpiente que come su propia cola. Se originó en el antiguo Egipto como un símbolo del sol, pero a menudo se asoció con el gnosticismo y el hermetismo, y simbolizaba la eternidad y el alma del mundo. El psicólogo suizo Carl Jung describió el uróboros como símbolo de la unidad eterna de todas las cosas, el ciclo de nacimiento y muerte. El símbolo matemático de hoy para infinito pudo haber derivado de las primeras representaciones de un uróboros doble: dos criaturas tragándose entre sí. El símbolo de doble bucle es común en muchos dibujos de arte y literatura fantásticos.

SÍMBOLOS ADINKRA

Los adinkra son símbolos visuales, creados originalmente por los akan, que representan conceptos y se utilizan ampliamente en tejidos, cerámica y otros artículos. Akan hace referencia a un grupo personas emparentadas con Ghana y Costa de Marfil en África Occidental. Las ropas adinkra eran usadas tradicionalmente por los líderes espirituales y la realeza solo para funerales y otras ocasiones especiales. Hoy las ropas adinkra son usadas por cualquier persona y con frecuencia son producidas en masa en telas brillantes. Hay decenas de símbolos diferentes con significados distintos, que simbolizan virtudes, cuentos populares, proverbios, animales y acontecimientos históricos. Algunos de los símbolos más populares y sus significados se muestran en la siguiente lista.

Símbolo:	Nombre:	Significado:
	adwo	paz, calma
	Akoben (cuerno de guerra)	vigilancia, disposición a hacerse cargo
	Akoko nan (garra de gallina)	proteccionismo, disciplina amorosa
	aya (helecho)	rebeldía, independencia, inventiva
	Bi nka bi (nadie muerda a otro)	no buscar venganza, evitar el conflicto, paz, armonía
	denkyem (cocodrilo)	defensa, protección, capacidad de adaptación

Símbolo:	Nombre:	Significado:
	duafe (peine de madera)	virtudes femeninas, amor eterno
	fihankra (casa)	seguridad, protección
	Funtunfunefu denkyemfunefu (cocodrilos comparten un estómago)	democracia, trabajar juntos, unidad
	gyawu (peinado del héroe de guerra Kwatakye)	valentía, temeridad, liderazgo, respeto, valor
	gye nyame	presencia de Dios, solo Dios, la supremacía de Dios
	hueso kramo	Lo malo hace que sea difícil notar el bien. Advertencia contra el engaño y la hipocresía.

Símbolo:	Nombre:	Significado:
	kojo baiden (rayos)	cosmos, omnipresencia
	Krado	ley, autoridad
	kintinkantan (arrogancia, orgullo), también deletreado kuntenkantan	humildad y modestia
	nkontim (pelo del sirviente de la reina	lealtad, disposición a servir
	nkyinkyim	resistencia, iniciativa, versatilidad
	osram ne nsoromma (la luna y la estrella)	amor, fidelidad, paciencia, determinación

Símbolo:	Nombre:	Significado:
	osrane ne nsoroma (cuernos de carnero)	sabiduría, aprendizaje, humildad
	ohene (rey)	previsión, sabiduría
	owuo atwedee (escalera de la muerte)	mortalidad, destino, lo inevitable
	pagya (pedernal para hacer fuego)	valentía, arriesgarse
	Sankofa (volver a conseguirlo)	aprender del pasado, los errores pueden corregirse
	wawa aba (semilla wawa)	superación de barreras, dureza, perseverancia

Vevés de Vudú

En la práctica vodoun (vudú), los vevés son símbolos religiosos que tienen conexión con los Loas (dioses), y representan a un Loa en particular en los rituales. Cada Loa tiene su propio vevé único, que se dibuja en el suelo con una sustancia en polvo antes de un ritual. Ante ellos se colocan sacrificios y ofrendas. Se cree que el poder del vevé es mayor si se dibuja hábilmente con detalles correctos. Los vevés también se hacen en serigrafía, pinturas, tapices u obras de arte. El símbolo de arriba es el vevé de Erzulie, la diosa del amor. Ella tiene un poder tremendo y es temida además de amada. Cada santuario vudú tiene un espacio dedicado a Erzulie. Ella es una "mujer del mundo", y se la compara con Afrodita. Le gustan los hombres y desconfía de las mujeres.

A continuación se describen brevemente cuatro vevés adicionales.

1 Agwé

Debido a que Agwé es un espíritu del agua, su vevé es de interés para pescadores y otras personas que navegan. Agwé es muy importante para la isleña nación de Haití, ya que su pueblo ha dependido del mar para sobrevivir durante siglos. Su jurisdicción incluye toda la flora y la fauna marina y todos los buques que navegan en el mar. Durante un ritual vudú, se usa un caparazón de caracol para invocarlo, y debe saludársele con esponjas y toallas húmedas. Las ofrendas de comida y bebida favorita de Agwé flotan en el agua, y si lo que flota vuelve a la tierra, él ha rechazado el sacrificio. A Agwé le gustan los uniformes militares y las armas de fuego, y se debe evitar que salten al agua quienes los poseen.

2. Damballah-Wédo

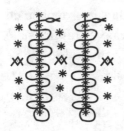

Conocido como el dios serpiente, Damballah-Wédo es representado como una serpiente o víbora, y es uno de los vevés más populares. Sus poderes están presentes en ríos, manantiales y pantanos. Damballah no es un buen comunicador, pero irradia una presencia reconfortante para la gente que lo rodea. Él trae lluvia, que es necesaria para las buenas cosechas. Sus comidas favoritas son los huevos, la harina de maíz, melones, arroz, plátanos y uvas. Él y su esposa, Ayida, representan la sexualidad humana. Son los dioses más antiguos y más sabios del vudú. El vevé del Damballah generalmente se representa como dos serpientes en vez de una sola.

3. Ogun

Ogun es la figura de un poderoso guerrero, pero inicialmente se asoció con la herrería y la metalúrgica. Se dice que él estuvo detrás de la revolución de 1804 que dio la libertad a los esclavos de Haití. El machete es su arma elegida; él es inmune al fuego y a las balas. Está cubierto de hierro. Él exhibe diferentes personalidades y talentos, incluyendo la curación, la fuerza, el diplomático, o el guerrero que hace girar el machete. Sus ofrendas eran animales rojos, ron, machetes y cigarros.

4. Gran Bwa

El Gran Bwa vive en las profundidades del bosque, y es el protector de la vida silvestre. Gran Bwa significa "árbol grande". Él está estrechamente asociado con las plantas y los árboles, e imparte sabiduría respecto a prácticas curativas como el uso de plantas medicinales. Él debe ser consultado antes de que una persona pueda ser ordenada en el sacerdocio vudú. Gran Bwa puede ser salvaje e imprevisible, pero también es de gran corazón y amable, y a menudo se lo ve como guardián y protector de los antepasados.

Símbolos de francmasonería

águila bicéfala (águila de Lagash)

El águila de dos cabezas es el emblema de los grados más altos de la masonería, y símbolo de un proceso alquímico completado. En la doctrina alquímica hermética, la base de muchos símbolos masónicos, es un signo de Escorpio y simboliza la transformación. La doble cabeza simboliza la unión de materia y espíritu. El águila masónica a menudo es llamada Águila de Lagash, una antigua ciudad sumeria. Las águilas bicéfalas se pueden encontrar en muchas culturas antiguas, incluyendo los griegos bizantinos, los turcos selyúcidas y el Sacro Imperio Romano. El emperador Carlomagno popularizó el águila de dos caras en Europa. A mediados del siglo dieciocho el Consejo de Emperadores de Oriente y Occidente adoptó formalmente el símbolo en la masonería.

escuadra y compás masónicos

Uno de los símbolos más comunes de la masonería es el del compás cruzado y la escuadra recta, que son herramientas de arquitecto. La escuadra es un emblema de virtud en la cual los masones deben "ajustar nuestras acciones por la escuadra de la virtud con toda la humanidad".[1]

Los compases ejemplifican la sabiduría de conducta del masón, "la fuerza para circunscribir nuestros deseos y mantener nuestras pasiones dentro de los límites debidos".[2] Juntos, el compás y la escuadra simbolizan la unión de materia y espíritu, la unión de las responsabilidades terrenales y espirituales. En las regiones de habla inglesa, a menudo se inscribe la letra "G" en el centro. Eso representa diferentes palabras en distintas regiones, pero la interpretación más común es que la G significa "God" ("Dios"), y recuerda a los masones que Dios está en el centro de la francmasonería.

Estrella de Oriente

La organización masónica femenina de la Orden de la Estrella de Oriente usa la estrella de cinco puntas invertida como su emblema. El símbolo es representativo de la estrella de Belén, que apunta hacia abajo para simbolizar el descenso del espíritu a la materia, o la presencia de Dios en la tierra. La estrella de "oriente" se refiere al planeta Venus, también llamado "la estrella de oriente". Los cinco puntos simbolizan las cualidades de cinco mujeres bíblicas: Ada, fidelidad; Rut, constancia; Ester, lealtad; Marta, fe, y Elegida, amor. Los cinco implementos representados en cada punto simbolizan la representación de las virtudes masónicas de cada mujer bíblica: la espada y el velo de Ada, obediencia al deber; la gavilla de cebada de Rut, la adhesión a los principios religiosos; la corona y el cetro de Ester, la virtud de la lealtad; la columna rota de Marta, resistencia en la prueba; y la copa de oro de Elegida, resistencia en la persecución.

piedra angular (dovela masónica, símbolo del Arco Real)

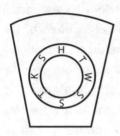

La piedra angular masónica es una piedra colocada en el centro de un arco, que asegura la firmeza y estabilidad del mismo, que en la francmasonería simboliza el Grado Maestro de la Marca en el que un nuevo iniciado al Grado Maestro de la Marca elige una marca para inscribir en el círculo de la piedra angular para representar su lugar entre otros masones de la Marca, quienes juntos brindan estabilidad a la hermandad de la masonería. Alude a la piedra angular del templo del rey Salomón, que fue colocada en el arco al completarse el Templo reconstruido después que terminó la cautividad de los judíos en Babilonia. El arco estaba colocado a la entrada del Templo entre los dos pilares de Jaquín y Boaz. En la francmasonería el arco simboliza también el grado del Arco Real, donde el deber de los Masones del Arco Real es construir el templo espiritual de su segunda vida sobre las ruinas de la antigua hecha añicos. Las letras en inglés significan: **H**iram **T**yrian **W**idow's **S**on **S**endeth **t**o **K**ing Solomon. La piedra angular significa ese renacimiento. En astrología la piedra angular representa el solsticio de verano, cuando el sol entra en el signo de Cáncer en su punto más alto en el cielo del norte, como se ilustra a continuación:

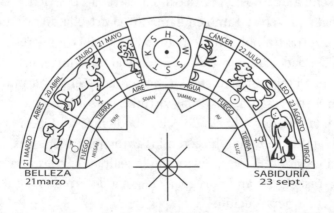

Problema 47 (silla de la novia)

Más conocido en la masonería como el problema 47 de Euclides, este símbolo se encuentra en insignias y joyas, decoraciones de hoteles y otros artículos, y se lo ha asociado con la masonería durante cientos de años. Es un teorema básico de trigonometría, conocido como el Teorema de Pitágoras, y también se lo ha llamado "el fundamento de la masonería". El teorema se conoce desde hace siglos, y fue usado por los antiguos egipcios para medir su tierra y construir las grandes pirámides. La importancia de esto para la masonería radica en la creencia masónica de que solo mediante la verdadera comprensión del universo se podría lograr la salvación del alma; la sociedad dedicó mucho tiempo al razonamiento matemático y a los números para explicar y medir su mundo y su ambiente. El símbolo a veces es llamado "silla de la novia", debido a su parecido con el trono místico de Isis. Los primitivos cabalistas creían que los tres cuadrados representaban a Saturno, Júpiter y Marte.

punto en el círculo (solsticios, circumpunto)

El punto dentro del círculo es uno de los símbolos geométricos primeramente utilizados en la francmasonería. Es el símbolo del grado de Aprendiz —el punto dentro de un círculo— y simboliza el paso de no masón a masón. Es un emblema muy antiguo, usado en el antiguo Egipto para la naturaleza eterna del dios sol Ra. El círculo significa completud y armonía, y las dos líneas paralelas se cree que indican a los dos Juanes bíblicos: el punto representa el celo de Juan el Bautista, y el círculo, la compasión de Juan el evangelista.

Símbolos de la A∴A∴ (Astrum Argentum, Argentinum Astrum, "Estrella de Plata")

La A∴A∴ era una organización espiritual fundada por Aleister Crowley y George Cecil Jones, un amigo de Crowley, después de salir de la Aurora Dorada. Era sumamente hermética, y se suponía que los miembros solo conocían a su superior inmediato y a cualquier persona que ellos introdujeran al grupo. Había tres divisiones en la sociedad, cada una representada por un emblema.

1. La Estrella de Plata

El emblema de la estrella de plata se ve más arriba. La parte exterior es el septagrama, y simboliza el techo de la Cripta de los Adeptos.

2. El sello de la Universidad de Thelema

El ojo de Horus se halla en la parte superior del emblema, y la paloma y el cáliz, tomados de la simbología cristiana tradicional, se muestran a continuación.

3. El sello del Cancellarius

El sello del Cancellarius se usaba para indicar un canciller, u oficial de la orden.

Símbolos primitivos
judíos y cristianos

cruz tau

La tau o tav, letra final del alfabeto hebreo, significa "cruz". La forma de la tau representa un crucifijo de la antigüedad. Era considerado un símbolo de la salvación, y puede haber sido la "marca de Caín" original del Antiguo Testamento (Génesis 4:15). También se asociaba con la marca de Ezequiel en Ezequiel 9:4, y la forma de las manos extendidas de Moisés en Éxodo 17:11. En la Cábala hebrea la tav es un emblema del infinito que representa la culminación de la creación. Se utiliza más comúnmente en referencia a la Orden Franciscana de San Francisco de Asís, quien la utilizó como su escudo de armas personal. En Irlanda, una cruz tau tallada en piedra caliza se usaba como marca de límites, y se han encontrado cruces similares como puntos de referencia en el sudeste de Francia.

rosa cruz (cruz rosa, Rosenkreutz)

La rosa cruz se originó como un símbolo cristiano en el siglo I, simbolizando la sangre de Cristo. Más tarde fue adoptada como el emblema de la Orden Rosacruz y simbolizó las enseñanzas tradicionales en principios cristianos. Un significado oculto más profundo del emblema era la unión de la rosa de María con la cruz de Cristo, uniendo la divinidad femenina con la masculina. Tiene diferentes significados para cada grupo que la ha adoptado como su emblema. Estos grupos incluyen un grupo ocultista hermético de la Edad Media, la Aurora Dorada del siglo diecinueve, la francmasonería, y la Ordo Templi Orientis de Aleister Crowley.

triple tau

Un arreglo de tres taus en una formación radial es un emblema del grado del Arco Real de la masonería. Adquiere varios significados: un símbolo del templo de Jerusalén; las letras iniciales en el nombre de Hiram Abiff; la influencia temprana de los cristianos de Grecia y Roma, refiriéndose a la Trinidad. El triángulo que rodea las tres taus es un símbolo de unión divina.

Símbolo de la Nueva Era

flor de la vida (red de pescador)

Frecuentemente llamada la flor de la vida, esta imagen está asociada más comúnmente con la Nueva Era, y es una figura geométrica compuesta de múltiples círculos superpuestos, espaciados uniformemente. En el movimiento de la Nueva Era representa creencias espirituales que muestran aspectos fundamentales de espacio y tiempo. Los escritores de la Nueva Era han asociado la flor de la vida con símbolos de las culturas a través de la historia, incluyendo Asiria, Egipto, y los dibujos de Leonardo da Vinci. Los círculos superpuestos han sido llamados por algunos "el plano de la creación". Se pueden rastrear muchos patrones y formas diferentes conectando los puntos del diseño.

Símbolos de la fe islámica

cruz invertida (cruz al revés, cruz de San Pedro)

El origen del símbolo de la cruz invertida proviene de la tradición de Simón Pedro, crucificado cabeza abajo. Se cree que Pedro se negó a ser crucificado de la misma manera que Cristo, y pidió la posición invertida. El emblema ha sido asociado con imágenes antirreligiosas y es visto como un emblema del satanismo. Los músicos de metal extremo utilizan el emblema como símbolo de satanismo. El símbolo de la cruz invertida puede indicar hoy una oposición al dogma cristiano.

estrella y media luna del islam

La estrella y la luna creciente, el emblema más comúnmente reconocido como símbolo de la fe islámica, se usó en toda la antigüedad. Ha sido asociado con los moabitas del siglo catorce a. C. y es un diseño común en la iconografía sumeria. Fue utilizado por los partos en la primitiva Mesopotamia, y algunos creen que vino de la mitología babilónica. Fue usado como estandarte de batalla de la dinastía otomana, supuesto responsable de su asociación con el islam. No hay ninguna mención del símbolo en el Corán, y no existe ningún registro de su uso por el profeta. Hoy se ha convertido en el símbolo de la fe islámica y se utiliza en artes decorativas y joyería.

jansá (ojo en la mano, mano de Fátima, mano hamesh, jamsa)

Este símbolo se utiliza como amuleto protector, tanto para musulmanes como para judíos. En el islam se le conoce como la mano de Fátima, hija de Mahoma. A menudo se utiliza como símbolo de los cinco pilares del islam. Cuando es usada por judíos se llama la mano de María, la hermana de Moisés. La mano es un signo de protección y también representa las bendiciones, la fuerza y el poder para vencer el mal de ojo. Por lo general se usa alrededor del cuello o como adornos colgantes de pared o sobre las puertas.

Símbolos del satanismo

mano cornuto (mano cornuda)

Mano cornuto, que significa "mano de cuernos" en italiano, es un gesto con una variedad de significados y usos. Por lo general se representa en encantamientos y tradicionalmente se ha usado para alejar el mal de ojo. En muchas culturas es un gesto ofensivo. Es usado hoy por los satanistas como el saludo satánico, un signo de reconocimiento. También ha sido usado como gesto por músicos de metal pesado y sus admiradores. En ocasiones es usado por los wiccanos como un símbolo del dios astado. Un gran porcentaje de jóvenes cree que este gesto es un saludo genial y no entiende el verdadero significado del gesto de la mano satánica.

Orden de los Nueve Ángulos

La Orden de los Nueve Ángulos "representa una peligrosa, extrema forma del satanismo".[3] La orden cree que el crecimiento en el satanismo se logra a través de actos prácticos de riesgo, destreza y resistencia.[4] Aprueba y fomenta los sacrificios humanos.[5] Debido a su postura radical, la orden ha roto cualquier conexión con el satanismo de la "corriente principal" y afirma que la Biblia es una "filosofía aguada".[6]

sigil de Lucifer (sello de Satanás)

Los satanistas modernos utilizan a veces el sigil de Lucifer, un sigilo mágico histórico menos conocido. Fue documentado por primera vez en el siglo dieciséis en el *Grimorium Verum* o "Grimorio de la Verdad" italiano. Originalmente fue usado como puerta de entrada para invocar el poder y la presencia de Lucifer.

sulfuro (Cruz de Leviatán)

El emblema conocido como Cruz de Leviatán es también el símbolo para el sulfuro (azufre), uno de los tres elementos esenciales de la naturaleza. Anton LaVey coloca el símbolo en *La biblia satánica*, y es usado comúnmente en rituales satánicos. Los músicos metálicos negros con música que contiene temas satánicos también utilizan el símbolo. No hay evidencia de su uso por satanistas fuera de su empleo por LaVey en *La biblia satánica*.

yin y yang

 El símbolo chino taoísta del yin y el yang es reconocido como la interacción de fuerzas en el universo. El yin representa la luna, vista como la fuerza femenina fría y pasiva. El yang representa el sol, la fuerza masculina de movimiento y calor. El área del yin y el yang se une como un todo, por lo cual se los menciona en conjunto. En la medicina tradicional china la buena salud está directamente relacionada con el equilibrio entre el yin y el yang en el individuo.

CAPÍTULO 3

Guía espiritual para liberación
(Espíritus que acosan la vida de la gente)

Esta sección del diccionario se refiere a la liberación de personas de espíritus que pueden tener influencia sobre sus vidas. Es inútil tratar de confrontar los espíritus demoníacos que nos rodean, si no podemos hacer frente a las influencias demoníacas en nosotros. La liberación es para las personas que han aceptado a Jesús en sus vidas. Él nos toma tal como somos y nos ofrece mayor libertad. Incluso después de esto, no importa cuánto tiempo estemos en Dios, necesitamos su poder liberador. Vivimos en un mundo de contaminación espiritual. Estamos en el mundo, pero no somos del mundo; así como tenemos que bañarnos en lo natural para lavarnos a diario, necesitamos ser limpiados diariamente por el poder liberador del Dios altísimo. Mi oración es que al estudiar estos términos, definiciones y comentarios usted los aplique a su vida personal. ¡Personalícelo y sea libre! Cuando se encuentre con cosas que pueden estar molestando su vida, recuerde estos siete pasos para la victoria espiritual:

1. Renuncie a toda cosa que se aplique a usted.
2. Donde algo haya sido quitado de su vida, reemplácelo con la Palabra de Dios.

3. Continúe confesando su libertad.
4. Contacte y póngase de acuerdo con un compañero de oración (si se siente guiado a hacerlo, o si tiene alguien en quien puede confiar).
5. Busque más liberación en un equipo de liberación con experiencia.
6. Camine en su salvación con temor y temblor.
7. Declare Nahum 1:9 (LBLA): "...no surgirá dos veces la angustia".

Definiciones

Las siguientes definiciones han sido compiladas para que usted pueda relacionarlas con problemas que pueda haber en las vidas de otros. Al leer los términos, usted puede identificar manifestaciones que operan en la vida de un individuo. Identificar la manifestación es el primer paso hacia la libertad de la persona. Recuerde que cuanto más específico sea al tratar las influencias negativas en la vida de la gente, más eficaz será al ministrar a una persona en cautividad demoníaca.

Espíritus con los cuales lidiamos en la liberación básica

abuso de otros

Tratar indebidamente o tratar con dureza a una persona que no sea uno mismo, de una manera perjudicial, injuriosa o maligna. Estos actos de abuso se manifiestan:

- Por medio de un ataque físico
- Por acoso sexual
- Por la verbalización de palabras injuriosas o insultantes
- Por trato cruel o injusto

abuso de sí mismo

El abuso de sí se produce cuando una persona trae aflicción, tormento, o daño a su propio cuerpo o mente. La manifestación de este espíritu lleva a una persona a un estado depresivo. La Palabra del Señor declara en Romanos 8:1 que no hay condenación para los que están en Cristo Jesús. El abuso de sí es un espíritu de autocondenación que hace desesperanzar a una persona. Ser condenado significa tener un veredicto de muerte sobre su vida, sin esperanza de una apelación. Una sentencia de muerte autoimpuesta sobre su vida es trágicamente demoníaca. Esta persona está atada por el cordón de tres dobleces de "mí, yo mismo, y yo": una fortaleza que solo la persona atada puede quitar. Esa persona debe determinar en su mente buscar con pasión la libertad. Muchas veces, porque la persona está demasiado débil y oprimida por sus propios pensamientos, palabras y acciones, tal libertad parece imposible de obtener. La única esperanza para esta persona es animarse en el Señor (por medio de la Palabra de Dios, la alabanza y la adoración) o recibir ministración de liberación con fuerte exhortación. Por medio de esa ministración lo que ha sido derribado puede ser reconstruido.

actitud defensiva

Este espíritu asedia las vidas de los que por ignorancia construyen muros que los encierran con barricadas y finalmente mantienen a los otros afuera. Las manifestaciones de este espíritu son la desconfianza, la sospecha, el estar cerrado a la liberación, el hacer oídos sordos al consejo, la sobreprotección y estar demoníacamente escudado.

adicción al trabajo

Adicción al trabajo que hace que todo lo demás pase a un segundo lugar. Ética de trabajo que demoníacamente hace que a una persona nunca le parezcan suficientes sus tareas, causando finalmente un efecto negativo en toda otra área de la vida de la persona. Este es un espíritu que intenta adherirse a los ministros exitosos y a sus ministerios.

afeminación

Manifestaciones de un hombre con características y gestos femeninos.

aflicción

La aflicción es una pena, dolor, tristeza, o duelo profundos que son causados por una muerte o alguna otra experiencia traumática.

agitación

El espíritu de agitación da lugar a signos de inquietud psicológica o física por medio de manifestaciones como retorcerse las manos, caminar de un lado a otro, agrandar los ojos, y tironear o jugar con el cabello. En última instancia, promueve la inquietud y la aprensión por esa persona cuando actúa con otros en actividades o situaciones cotidianas.

agonía

La agonía se define como dolor extremo prolongado unido a un intenso sufrimiento mental o emocional, como resultado de una experiencia o lucha. Aunque la agonía puede estar relacionada con una decepción de la vida (como la agonía de la derrota en un evento deportivo), bíblicamente se hizo referencia a ella cuando Jesús oró en el huerto de Getsemaní. Él oró con tal pasión que la Biblia declara que su sudor era "como grandes gotas de sangre que caían hasta la tierra" (Lucas 22:44). Jesús experimentó la agonía, el dolor y la angustia prolongados, ¡aunque Él era Dios en la carne!

La agonía, en lo que respecta a la liberación de una persona, debe ser tratada como una herida o dolor profundos que deben ser quitados del corazón de la persona para que pueda recibir nuevo aliento. Este tipo de dolor intenso, literalmente, hace que la persona sienta como si se le quitara la respiración. La liberación debe realizarse, y ella tiene que ser llena del *ruaj* (aliento) de Dios para volver a llenar el lugar en el que ese espíritu una vez residió.

aislamiento (demoníaco)

El aislamiento es una estrategia demoníaca contra los hijos de Dios. El enemigo sabe que somos más débiles cuando estamos aislados de otros. Una de las formas en que el enemigo nos aísla es haciendo que nos retiremos o mantengamos en secreto esas cosas que aun no entregamos a Dios. Al aislar al creyente, el enemigo lo mantiene lejos del amor y la liberación espiritual que necesitamos. Recuerde el consejo de Salomón: "Cordón de tres dobleces no se rompe pronto" (Eclesiastés 4:12)

altanería

Una persona altanera es arrogante y altiva. La Biblia dice que el orgullo precede a la caída. Una persona tiene que tener la precaución de caminar siempre en humildad, recordando que nuestro valor y confianza están en Cristo.

altivez

La altivez hace que una persona parezca ser arrogante, superior, y despectiva. Romanos 12:3 instruye al cristiano a no tener un concepto más alto de sí que lo que debe, sino a pensar con sensatez.

amargura, raíces de

La amargura se caracteriza por un antagonismo y un odio intensos. Las raíces de amargura bajan al corazón de una persona y encierran sentimientos nocivos contra personas, lugares, circunstancias o situaciones. Aun cuando se corten los árboles de amargura (las cosas que pueden verse por encima del nivel consciente), las raíces de amargura pueden seguir operando encubiertamente. Mediante la consejería y la sanidad interior el corazón de una persona puede experimentar la excavación de las raíces de amargura para que puedan ser quitadas completamente. Sin esta excavación, un día las raíces de amargura irrumpirán a la superficie del corazón de una persona por una experiencia o situación de la vida. El crecimiento recurrente de las raíces de amargura puede hacer que el estado de la persona empeore. La persona puede amargarse como la quinina y el ajenjo por el dolor que atraviesa el alma. Esto deja a la persona espiritualmente agria. Como resultado, las palabras de una persona con amargo dolor hieren profundamente y hacen daño a otros, y causan que todo lo que intenta comunicar sea espinoso y desagradable.

ansiedad

Estado que hace que una persona se preocupe y esté incontrolablemente impaciente. Este espíritu va mano a mano con el espíritu de temor, intimidación, e incertidumbre. La persona acosada por este estado mental lucha con los esfuerzos por tomar decisiones y tiende a confundirse. Una palabra griega que se refiere a este estado es *proskairos* ("temporal", 2 Corintios 4:18), que significa adelantarse a los tiempos de Dios. La persona se distrae por lo que puede ver con los ojos físicos y se desvía de la senda de lo que es eterno (el plan de Dios).

Aunque la ansiedad puede ser un desorden mental o emocional, también puede ser un estado espiritual. Un ejemplo perfecto de estar espiritualmente ansioso es cuando Abraham y Sara toman en sus propias manos la manifestación de su promesa. Se pusieron ansiosos y crearon una situación con Ismael cuando deberían haber esperado a Isaac.

apatía

Una persona apática se caracteriza por la falta de interés, de energía, o de espíritu. Tiene una actitud melancólica.

aprensión

Ser espiritualmente aprensivo significa andar en espíritu de temor respecto a lo que está por venir. Hay muchas clases de temor, pero esta clase en particular hostiga el corazón de una persona en relación con el *mañana* y estorba su fe en Dios. La Palabra del Señor nos ordena andar por fe y no por vista (2 Corintios 5:7). Al hacer esto, nunca podemos tener temor de nuestros pasos o adónde nos conducirán. "El Señor afirma los pasos del hombre" (Salmo 37:23). Mateo 6:34 dice: "Así que, no os afanéis por el día de mañana, porque el día de mañana traerá su afán. Basta a cada día su propio mal".

La aprensión puede relacionarse fácilmente con el espíritu de ansiedad. Es inaceptable preocuparse por lo que depara el mañana. Observe que el mañana nunca llega. Cada vez que usted se despierta ¡es *hoy*! La medicina para la enfermedad de la aprensión es aceptar el hecho de que cada día es el día del Señor. Él hizo cada día, y debemos regocijarnos y alegrarnos cada vez que nos levantamos a una nueva mañana. Cada día tiene sus propios problemas. Llevar continuamente los problemas de ayer a un nuevo día puede conducir a una sobrecarga de la mente. Así como Dios creó el día, Él puede manejar sus problemas diarios.

asesinato

Acto de tomar la vida de otro, o causar la muerte intencionalmente.

ataque verbal

Una expresión verbal emocionalmente cargada puede causar daño irreparable. La lengua es una fuerza poderosa y una persona que no tiene el control de su lengua puede derribar a otra. A veces el ataque verbal es la reacción de una persona a heridas no sanadas. Es importante experimentar sanidad para que los "temas candentes" no ocasionen un estallido que no se puede anular.

calamidad

Una calamidad es un gran infortunio, una lesión grave o catástrofe. Es algo que trae aflicción, adversidad o sufrimiento profundos. Otras palabras para calamidad son *catástrofe* y *cataclismo*. En base a esto, puede decirse que una calamidad puede ser lo peor que le puede ocurrir a una persona. Las siguientes escrituras son referencias bíblicas de la palabra calamidad:

> En el día de mi desgracia me salieron al encuentro,
> pero mi apoyo fue el Señor.
>
> —SALMO 18:18, NVI

> Ten misericordia de mí, oh Dios, ten misericordia de
> mí; porque en ti ha confiado mi alma,
> y en la sombra de tus alas me ampararé
> hasta que pasen los quebrantos.
>
> —SALMO 57:1

> Perversidades hay en su corazón;
> Anda pensando el mal en todo tiempo;
> Siembra las discordias.
> Por tanto, su calamidad vendrá de repente;
> Súbitamente será quebrantado, y no habrá remedio.
>
> —PROVERBIOS 6:14-15

> El que escarnece al pobre afrenta a su Hacedor;
> Y el que se alegra de la calamidad no quedará sin
> castigo.
>
> —PROVERBIOS 17:5

Escrituralmente hablando, la calamidad puede venir como resultado del juicio. Cuando se trata de situaciones de este tipo, una persona solo puede depender de la misericordia de Dios, que debe ser apoyada con arrepentimiento. También hay que señalar que no debemos alegrarnos por la calamidad de otros, porque como consecuencia vendrá el castigo. Hay ocasiones en que los que ministran tratan de echar fuera lo que debe ser puesto en el altar de arrepentimiento.

capricho

Ser contrario a lo que debería ser o de mal genio al punto de ser perverso o desviarse.

carácter posesivo

Ser sumamente agresivo al tratar de ser dueño de una persona, lugar o cosa.

carga

Una carga espiritual pesa mucho en el corazón de una persona. Es una carga que nace de algo difícil u opresivo. Una carga está directamente relacionada con un espíritu de opresión, un peso o algo que rodea fácilmente a una persona. Es una esclavitud que pone en una persona el yugo de una pesada carga u obligación. Esta carga no solo afecta en la persona su andar con Dios, sino que además la frena en la carrera que tiene por delante en Cristo Jesús. Jesús es el autor y consumador de nuestra fe. Él nos recuerda que su yugo es fácil y su carga es ligera (Mateo 11:30). Hebreos 12:1 dice que los creyentes deben dejar de lado todo peso y el pecado que fácilmente los asedia para poder correr la carrera que tienen por delante con paciencia y resistencia hasta el final.

cáscara vacía

Se trata de una persona que ha sido espiritualmente noqueada por el diablo y que anda por allí utilizada por espíritus sin que se dé cuenta.

celos

El espíritu de celos es una de las fuerzas demoníacas más engañosas con las que tenemos que lidiar. Puede causar problemas tanto emocionales como físicos. Tiene muchas manifestaciones, y retendrá las bendiciones que Dios quiere que obtengamos.

codependencia

Codependencia es compartir con otra persona una adicción física o psicológica a algo, o que dos personas sean física o psicológicamente adictas una a la otra. En ambos casos, las dos personas pueden estar conectadas por ligaduras de alma debido a su adicción de una por la otra, o por aquello a lo que ambas están atadas por la adicción. El resultado final es que ambas comparten la esclavitud. Para que ambas sean libres, debe romperse la ligadura de alma entre ellas. Es importante notar que la pareja puede estar atada por una adicción tal como el juego o las drogas, o una adicción a una relación de alguna clase entre sí.

El prefijo "co" significa estar unido o compartir mutuamente algo e indica una asociación. Esto significa coexistir en una situación en el mismo grado. En base a esto, otro tipo de codependencia puede ser una dependencia de una persona involucrada con otras dos personas por medio de ligaduras de alma, como resultado de relaciones sexuales. La persona dependiente (hombre o mujer) se une en el alma (asiento de las emociones de la mente) a dos personas por medio de una fragmentación del alma originada por las relaciones sexuales. En otras palabras, el alma de la persona está atada en una parte y desgarrada (fragmentación del alma) en otra parte, generando una confusión total. A través de las emociones las experiencias de la persona dependiente le provocan la ilusión de estar enamorada de dos personas. La fuente de tal codependencia es un espíritu seductor que se infiltra en la mente y ocasiona una esclavitud de dependencia hacia ambas relaciones. Finalmente, se convierte en un peligroso triángulo amoroso demoníaco en el que es necesaria la liberación. Solo el Espíritu Santo puede liberar la mente de una persona con este tipo de dependencia, ya que en la mente de la persona codependiente ambos compañeros satisfacen necesidades específicas (dependencias). Cada lado del triángulo diabólico está firmemente protegido por un hombre fuerte de separar las ligaduras de alma, y se debe actuar en consecuencia.

El hombre fuerte de cada lado del triángulo debe ser tratado por medio de guerra espiritual para que la fortaleza del triángulo se pueda romper. Este cordón de tres dobleces solo puede romperse aplicando la sangre de Jesús y por el poder del Espíritu Santo. La autoliberación no es eficaz en el caso de este tipo de esclavitud. La liberación debe ser realizada por un ministro de liberación experimentado. Siempre existe la excepción a la regla cuando se trata de las cosas del espíritu, pero ser libre de una codependencia de estas características sin la intervención de alguna clase de liberación requeriría un milagro creativo.

Dios no permita, si uno de las partes participa aparte en otras relaciones: entonces la situación implica una mezcla de ligaduras de alma que abarcan tantas emociones que el nivel de ataduras se eleva a un nivel completamente nuevo. Dios creó las relaciones sexuales para que existan entre un hombre y una mujer en un pacto de matrimonio santo. Cuando se involucra una variedad de relaciones sexuales poco comunes, un número no bíblico de compañeros y la ausencia de un pacto matrimonial, la situación se convierte en un complicado ciclo de ataduras y lazos que reafirman el derecho legal del príncipe de las tinieblas para mantener cautivas las almas involucradas. La mayoría de las personas teme contraer una enfermedad de transmisión sexual (ETS), pero la verdadera advertencia debería ser para no contraer una enfermedad de transmisión *espiritual* (ETE). La buena noticia es que no importa cuán profunda sea la esclavitud, Jesús vino a liberar a los cautivos.

codicia

Codicia es desear o tomar todo lo que uno puede conseguir sin considerar a los demás. La codicia va junto con el egoísmo. El egoísmo tiene sus raíces en la mezquindad, que fomenta el espíritu de acaparamiento, el cual cierra el flujo de la prosperidad y abre la puerta a la pobreza subliminal. La persona codiciosa piensa que lo que tiene es próspero, pero es del espíritu de pobreza, ya que no hay un intercambio continuo. La codicia fomenta el egoísmo; el egoísmo fomenta el acaparamiento y el acaparamiento cierra el intercambio (la plantación de semillas), lo que provoca una hambruna en el medio.

complacencia

Una insanamente falsa seguridad o comodidad en un lugar, sin percatarse de la inminencia de peligro real.

comportamiento pasivo

Un comportamiento que demuestra principalmente la falta de cuidado, interés, o entusiasmo que está dirigido a complacer a otros.

conducta agresiva

Esta clase de conducta se manifiesta cuando una persona ejerce una extrema y atrevida reafirmación personal que es ofensiva, invasiva y amenazante para otros.

conflictividad

Operar en un espíritu de discordia, conflicto o contención debido a las diferencias. Batallar o luchar por medio de argumentos y competencia.

conspiración

Un conspirador es una persona que tiende a operar subrepticiamente con intenciones malignas y motivos escondidos u ocultos. Tal persona fomenta operaciones clandestinas y conspiraciones para acordar en las tinieblas.

contaminación de secta

Una secta es un grupo de personas que pretenden ser una cosa pero en realidad son otra. Las sectas son falsificaciones de lo real. Se presentan como ministerios, iglesias u otras actividades (como guarderías), pero por debajo tienen espíritus de control y manipulación. Una manera segura de identificar una secta es prestar mucha atención a cómo controlan todos los aspectos de la vida de sus miembros. Las sectas suelen manifestar lo que realmente son por la antinatural, dominante exaltación de sus líderes hasta el punto de la adoración. El peligro de una secta es que incluso después de que una persona es liberada del contacto con el grupo, la contaminación espiritual generalmente asedia la vida de las personas que estaban involucradas. Son atormentadas por manifestaciones demoníacas, y las ataduras de alma con el líder y miembros del grupo son difíciles de romper. La condenación se encarga siempre de hacer que los que tratan de liberarse de la secta se sientan como si hubieran hecho algo malo al dejarla. Las pesadillas y las manifestaciones demoníacas físicas también acosan las vidas de los ex miembros de sectas.

control y manipulación

El espíritu raíz de la hechicería es el control y la manipulación. El objetivo final de la hechicería es hacer que los individuos estén bajo el poder de espíritus gobernantes que manipulan sus vidas. Jezabel es el hombre fuerte del control y la manipulación. Este espíritu tiene la misión de controlar la vida mental, la manera de andar y la obra de las personas, especialmente los profetas.

débil, ser

Ser débil en la mente o el espíritu, decrépito, endeble o frágil; poco sólido en la fuerza mental o moral; ser fácilmente llevado de un lado a otro; inconstante en toda manera y demasiado inestable para soportar las pruebas de la vida diaria.

decepción

Estar frustrado o tener sentimientos de haber sido defraudado.

depresión

Una persona deprimida está literalmente abatida por un espíritu de pesadez y melancolía. Estar deprimido significa estar:

* Apesadumbrado en el espíritu
* Atormentado
* Afligido
* Descorazonado
* Agobiado

desalentado, estar

La persona que está desalentada pierde toda esperanza y queda desolada. Esa persona no tiene expectativas ni visión para el mañana.

desaliento

Estar debilitado en la fe y en la resistencia; un estado en que todo celo se ha ido; disuadir o desaconsejar; sin valentía ni lucha.

desánimo

El desánimo va junto con el espíritu de melancolía y depresión. Este espíritu hace que una persona esté desanimada y sin fe. Las manifestaciones son aflicción, desconsuelo, estar en un pozo depresivo, melancolía, desesperación, depresión y períodos predominantes de duelo. El desánimo puede estar relacionado con el rechazo. El rechazo es cuando una persona es abandonada y no aceptada por otros. El desánimo es cuando una persona es culpable del rechazo o aceptación de sí misma.

desatención

La desatención hace que una persona actúe de forma negligente y con temeridad o imprudencia, ya sea de acción o de pensamiento. Esto hace que la persona sea corta de vista e incapaz de ver o entender el plan de Dios para su vida.

desconfianza
Falta de confianza.

descrédito (véase también desgracia)
Estado de no ser respetado o que no se confíe; no tener una buena reputación.

descuidar
Abandonar, dar poca atención a, u olvidar.

descuido
Efesios 2:2 en la versión RV60 de la Biblia dice que el príncipe de la potestad del aire opera en los hijos de desobediencia. Estos hijos son identificados como:

• Los negligentes
• Los rebeldes
• Los incrédulos

Es importante notar que la Biblia dice que la desobediencia es causada por un espíritu demoníaco. Ser descuidado significa no ser exacto, preciso o cuidadoso. También quiere decir ser:

• Desatento
• Desconsiderado
• Distraído
• Inconsciente
• Indiscreto
• Inexacto
• Insensato
• Irreflexivo
• Malo
• Negligente
• Olvidadizo

Dios no nos ha llamado a caminar inconscientemente por la vida. La Biblia nos advierte que esta es la puerta que se abre al enemigo en nuestras vidas. Dios manda que estemos alertas, despiertos, y vigilantes, porque tenemos un enemigo que quiere zarandearnos como trigo y devorarnos o tragarnos enteros. Un santo negligente es ofensivo para Dios.

deseo demoníaco

El deseo demoníaco se describe en la Biblia como los deseos de la carne, los deseos de los ojos, y la vanagloria de la vida (1 Juan 2:16). Este término entra en la categoría de un tipo de manipulación de hechicería, porque la hechicería es una obra de la carne. El deseo demoníaco hace que una persona anhele, codicie o, literalmente sea adicta a lo que no es la voluntad de Dios. Dios dice que Él nos dará los deseos de nuestro corazón. Esto significa que literalmente Él pondrá en nuestros corazones deseos que llenen el espacio que el enemigo quiere ocupar. Un deseo demoníaco es un gancho en el alma, y se manifiesta con una fuerte obsesión y una atracción fatal. La persona atada por el deseo demoníaco puede encontrarse trastornada e incapaz de hacer frente a las situaciones cotidianas.

desesperanza

Es la pérdida absoluta de esperanza, que provoca sentimientos de desesperación y desaliento. El salmista exclamó: "¿Por qué te abates, oh alma mía, y te turbas dentro de mí? Espera en Dios; porque aún he de alabarle, salvación mía y Dios mío" (Salmo 42:5).

desgracia (ver también descrédito)

Cuando el favor se aleja de una persona a causa de una situación o circunstancia que la desacredita, eso la lleva a despreciar las leyes espirituales y naturales.

deshonor

Falta de honor.

desobediencia

Falta de obediencia.

diabolismo (diablerie)

Actos malvados que son dañinos, angustiantes o desastrosos. Los diabolismos parten de lo que es moralmente inaceptable y se extienden a lo que es condenable por medio de la maldad, el vicio y la perversidad.

dis

"Dis" es un prefijo que significa estar lejos de o fuera de lugar. Significa estar en desacuerdo con. Tiene una connotación negativa y siempre se opone a todo aquello con lo cual entra en contacto. "Dis" es una palabra del argot del inglés norteamericano para no honrar a una persona, no tenerla en alta estima, o siquiera considerarla. Dis es también el nombre de un demonio del infierno. "Dis" [humillar] a una persona es en realidad maldecir a esa persona.

discriminar

Diferenciar, quitar, separar o cotejar y comparar desde una postura no favorable.

disfavor

Ausencia completa de favor.

disfuncionalidad

Es la incapacidad de funcionar apropiadamente de acuerdo a una norma dictada. La persona disfuncional está desordenada respecto a condiciones normales.

doble ánimo

El doble ánimo pertenece a la categoría del hombre fuerte Esquizofrenia. Puede hacer que una persona tenga doblez de corazón, sea de doble lengua, o de dos caras. El doble ánimo es el enemigo de la palabra de fe. Santiago dice que un hombre de doble ánimo no puede recibir nada de Dios. Por lo tanto, una manifestación de este espíritu es la oración no contestada. El doble ánimo es el Baal-peor (abridor de puertas) para el espíritu de duda.

doctrina luciferina (ver también engaño)

Un sistema de creencias que venera las características esenciales que se asignan a Lucifer. La tradición generalmente venera a Lucifer, no como el diablo, sino como un rescatador o espíritu guía o incluso como el dios verdadero en oposición a Jehová.

dolor

Disparador emocional, físico, espiritual o mental que indica un lugar de lesión, daño o herida.

dominante, ser

Una persona dominante es altivamente controladora y siempre tiene que estar al mando. Él siempre es incapaz de seguir debido a su constante tendencia a tomar posiciones de supremacía, señorío y dominio ilegal.

duda

La duda hace que una persona sea dubitativa o cuestione todo o cualquier cosa con la que trata. Manifestaciones de la duda son la desconfianza, el escepticismo, la sospecha, la incertidumbre, o un errante espíritu cuestionador.

dureza

Dureza es estar encallecidos y ser duros de corazón, por lo general como resultado del trato injusto recibido por una persona en una experiencia de la vida, tal como abuso sexual, maltrato infantil, abandono de menores, un divorcio dañino, o acontecimientos similares. Una persona bajo esta influencia tiene siempre una lengua afilada, boca rápida y aspecto duro.

Les resulta difícil ser afectuosos y se sienten muy incómodos al decir las palabras "te amo". Finalmente, el espíritu de dureza hace que la persona ataque a otros y luego recurra a la privacidad demoníaca de un caparazón espiritual de armadillo construido a su alrededor para impedir la entrada de cualquiera que pueda identificar el problema y lograr la sanidad.

egocéntrico, ser
Una persona egocéntrica es egoísta y solo se preocupa por sus actividades y necesidades individuales. Está llena de seguridad de sí misma, de autosatisfacción, de preocupación por sí misma, de interés propio, autoaprobación y egolatría. Es esnob, engreída y narcisista, megalómana y está totalmente envuelta en su propio mundo.

egoísmo
Totalmente centrado o interesado en el propio bienestar a expensas de o ignorando a otros. Aquí tenemos una lista de manifestaciones:

- autodesignado
- autodesvalorización
- autoesclavización
- autoestima (baja)
- autopromoción
- autorrechazo
- autosabotaje
- autosabotaje de las relaciones
- egocentrismo
- inseguridad
- maldición autoinfligida
- autojustificación
- lástima de sí mismo
- terquedad

enfado

Estar en una postura de protesta, descontento, o una tendencia continua a quejarse. Enfurruñarse, ser hosco, o tener resaca en el espíritu.

encallecimiento emocional

Es la condición de estar emocionalmente cauterizado hasta el punto en que la persona es incapaz de sentir o mostrar emociones. Exhibe manifestaciones de dureza de corazón y falta de perdón, y es antisocial, retraída, desanimada, desesperanzada e indiferente.

enfermedad mental (espíritus de):

alucinación

Imágenes, sonidos, u olores que parecen reales pero no lo son.

bipolaridad

Esta enfermedad maníaco depresiva provoca cambios extremos en el estado de ánimo, la energía y la capacidad de funcionar.

demencia

Una persona que es demente no puede diferenciar entre la realidad y la fantasía, tiene dificultades para manejar los asuntos personales, y es susceptible de comportamientos incontrolables.

esquizofrenia

Esta enfermedad inhibe a una persona de poder funcionar normalmente debido a alucinaciones y delirios.

locura

Se caracteriza por un comportamiento frenético; las cualidades que una persona puede experimentar incluyen rabia, demencia, euforia, insensatez.

manía

Una persona maníaca experimentará extrema excitación, exhibida por hiperactividad mental y física.

paranoia

Enfermedad que cuasa que una persona paranoica cree que otros la persiguen.

engaño (ver doctrina luciferina)

El engaño es el acto de engañar deliberadamente a una persona o fomentar la falsedad. El hombre fuerte del engaño es el espíritu de Satanás. El mayor engaño fue cuando Lucifer engañó a una tercera parte de los ángeles para que se rebelaran contra Dios en el cielo. La Biblia dice que el diablo es la criatura más astuta y sutil que Dios creó. Él es el maestro del engaño. Otras descripciones del engaño son:

- Actuar sin sinceridad
- Argucia
- Artimañas
- Cuento chino
- Defraudar
- Disimular
- Duplicidad
- Embaucar
- Engatusar
- Estafar
- Hacer fraude
- Hacer trampa
- Jugar sucio
- Manipulación
- Ser escurridizo
- Socavar
- Timar

enojo

El enojo es un fuerte sentimiento de violento disgusto o beligerancia suscitado por la furia o el resentimiento. Tiene que encenderse hasta el punto de la molestia extrema y la ira acalorada. La Biblia nos anima: "airaos, pero no pequéis" (Efesios 4:26). Podemos enojarnos, pero permitir que las emociones lleguen a un punto extremo desagrada a Dios. La manera más segura para hacer frente al enojo es no permitir que una situación se asiente en nuestros corazones por demasiado tiempo. Se nos ordena no permitir que el sol se ponga sobre nuestro enojo. Esto significa que no podemos mantener una situación acalorada hasta el día siguiente.

escapismo

El escapismo implica dejar espiritualmente el ámbito natural para escapar a un lugar de fantasía a fin de pasar por alto lo que realmente está ocurriendo. El escapismo puede ser mental, emocional o espiritual. Un tipo de escapismo espiritual es la proyección astral. La persona escapa del cuerpo natural al ámbito espiritual. Solo está conectada al cuerpo por el cordón de plata (cordón de la vida).

esclavitud

Esclavitud espiritual que cautiva o encarcela a una persona hasta el punto de que esa persona no es libre y no puede experimentar la libertad en la vida. Estar encerrado en la mente de uno al punto de que otra persona tiene el control total; servidumbre involuntaria; yugo de esclavitud.

espíritu crítico

Mateo 5:25 dice que debemos estar prontos para ponernos de acuerdo con nuestro adversario (el diablo). Continúa diciendo que si no estamos de acuerdo, el adversario nos entregará al juez, y el juez nos entregará al carcelero, y como resultado estaremos en esclavitud espiritual. La palabra central en este versículo es *juez*. Esta palabra significa ser crítico. Un espíritu crítico conduce a la prisión espiritual. La Biblia dice que si juzgamos a otros seremos asediados por lo mismo y estaremos en juicio y esclavitud.

espíritu criticón

Se trata de un espíritu crítico que analiza los defectos de los demás y los aumenta con una lupa demoníaca. Los defectos de una persona que anda en este espíritu a menudo pasan desapercibidos (aunque son muchos) porque las cosas que han juzgado vuelven hacia ellos.

espíritu de juicio

Similar a un espíritu crítico, una persona que es juzgadora es rápida para evaluar y criticar las faltas, los problemas, las debilidades de otra persona: busca encontrar fallas triviales. Esto no solo le impedirá desarrollar enriquecedoras relaciones profundas, sino que él mismo también será vulnerable al juicio.

espíritu de muerte

Este es un espíritu que viene contra la vida. Se relaciona con la disolución, el fallecimiento, el deceso, y se suele representar por el emblema de una calavera y huesos cruzados, o por los atributos de la parca o de la muerte.

exceso de sospecha

Condición de constante desconfianza, o sospecha del mal.

falta de confianza

La falta de confianza puede impedir que un creyente crea que sus pecados son verdaderamente perdonados y que Dios le ha dado la promesa de eternidad con Él en el cielo. También impedirá que esa persona sea la luz y la sal para lo cual fue creada en el cumplimiento del destino de Dios para su vida. Hebreos 10:22 nos da seguridad: "Acerquémonos con corazón sincero, en plena certidumbre de fe, purificados los corazones de mala conciencia, y lavados los cuerpos con agua pura".

falta de perdón

La falta de perdón se relaciona con un espíritu de muerte espiritual. Como el cáncer, carcome el corazón de la persona, y no tienen escape. Cuando no hay escape, no hay alivio. Si una persona no perdona, es condenada a no recibir el perdón del Padre. Es un veredicto eterno de tormento. La falta de perdón es uno de los principales problemas subyacentes del corazón y debe tratarse rápidamente. Mientras más perdure la falta de perdón, más difícil es recibir la liberación de sus garras. En Mateo 5:25 la Biblia dice que debemos ser rápidos para ponernos de acuerdo con nuestro adversario o nos entregará al juez (un espíritu crítico) y el juez nos entregará al carcelero (el espíritu de esclavitud).

fantasía (demoníaca)

La fantasía es el espíritu de imaginación y fantasía que abre puertas demoníacas hacia el alma, haciendo que una persona visualice cosas hasta el punto de la exteriorización y objetivación demoníaca. Implica las fantasías de las tinieblas, lo extraño, lo grotesco, las pesadillas, los delirios, las alucinaciones y las quimeras.

fatalismo

Este es un espíritu que viene sobre u opera a través de una persona que no tiene victoria. El hombre fuerte o espíritu que rige el derrotismo es Conquistador. El Conquistador abruma a sus víctimas hasta el punto de que nunca pueden ser vencedores. Cada una de esas personas termina por caminar bajo una nube oscura, está apesadumbrada, tiene una actitud de estar derribada, y renuncia a toda esperanza.

fobias (y miedos): Ver el Apéndice B

frustración

La frustración inicia la misión contra la realización divina o la unción para completar. Frustrar espiritualmente a una persona es evitar que esa persona transmita una visión o misión. Una persona que está frustrada experimenta obstáculos, bloqueos, y, literalmente, está siendo vencida.

glotonería

La glotonería es el espíritu que hace que una persona se exceda (generalmente, aunque no siempre, respecto a la alimentación). Es tener un vientre estirado que nunca se llena. Este espíritu manifiesta una maldición que hay en la vida de su víctima, por lo cual nunca está satisfecha. La glotonería es un pecado que conduce a la obesidad espiritual o natural.

grandilocuencia

Es el uso de palabras para llamar la atención hacia uno mismo. Una persona que obra en este ámbito por lo general intenta utilizar un lenguaje que suene más importante de lo que es. Debido a un *espíritu de error* una persona grandilocuente tiende a usar palabras con la pronunciación o el contexto equivocados. Este espíritu va junto con el orgullo de la vida.

hábitos de muerte (tabaquismo, alcoholismo, drogadicción)

Hábitos formados por la influencia de espíritus que hacen que la gente incorpore a su cuerpo sustancias nocivas, sabiendo que son perjudiciales, incluso hasta la muerte.

hábitos nerviosos

Patrones de comportamiento que son impulsados por el nerviosismo y se realizan inconscientemente, tales como apretar los dientes, morderse las uñas, golpetear con los pies, o estar impacientes.

hacer pucheros

Estar en una postura de mal humor, tristeza, o con una tendencia continua a quejarse, a ponerse de mal humor, ser hosco, o tener resaca en el espíritu.

hipersensibilidad

Estado en el que una persona es cada vez más vulnerable a las acciones, comentarios, insinuaciones o gestos de otros, creyendo que se dirigen personalmente a ellos.

histeria

La histeria es un estado de emoción o conducta descontroladamente agitado. Puede incluir la furia, la rabia y el desvarío. La persona que sufre de un espíritu de histeria necesitará liberación y sanidad espiritual para destruir la histeria y dar lugar a la calma, la quietud y la tranquilidad.

humillación

La humillación hace que una persona sienta profundo bochorno o vergüenza, a veces sin causa. El espíritu de humillación confundirá y alterará a la persona, haciéndola sentir denigrada, rebajada, ridiculizada y condenada.

ignominia

Puede tratarse de una situación o suceso que hace que una persona se sienta avergonzada o turbada. Causa una profunda humillación y deshonra personal. Se requerirá sanidad espiritual y liberación para que la persona pueda aceptar el respeto y la honra o el reconocimiento que merece por parte de otra persona. Proverbios 21:21 nos dice: "El que sigue la justicia y la misericordia hallará la vida, la justicia y la honra".

impaciencia

La impaciencia espiritual hace que una persona esté descontenta con las cosas como están, y causa que esa persona trate de obligar a Dios a moverse más rápido en su vida. Tal persona no entiende que el crecimiento espiritual incluye períodos de pausa, tiempos de reposo y espera. El salmista nos aconseja: "Guarda silencio ante el Señor, y espera en él con paciencia" (Salmo 37:7, NVI).

incapacidad para comunicarse

Una persona que no puede comunicar sus necesidades, sentimientos, pensamientos, o conocimiento a otro puede estar oprimida por un espíritu que paraliza sus procesos mentales y sus capacidades verbales. Esta persona se sentirá deprimida y como si una pesada oscuridad hubiera hecho que su cuerpo, mente y alma estén entumecidos y fríos. Tal persona necesita liberación de ese entumecimiento espiritual. La oración es la principal forma de comunicarnos con Dios, y se nos aconseja en 1 Tesalonicenses 5:17 (NVI): "Oren sin cesar".

incapacidad para dar o recibir amor

La persona incapaz de dar o recibir amor puede estar cargando con un espíritu de rechazo. Dios nos diseñó para que no podamos funcionar adecuadamente sin amor. Necesitamos sentir y dar amor a fin de crecer y cumplir con nuestro destino en la vida. El amor es el principal ingrediente en nuestra relación con Dios y con los otros. Primera de Juan 4:8 dice que "el que no ama no conoce a Dios". Dios es amor, y debemos demostrar su amor en todo lo que hacemos.

independencia (demoníaca)

Una persona independiente no solo rechazará la contribución, las ideas o la ayuda externas, sino que además no considerará ayudar y apoyar a nadie. Un espíritu de independencia puede llevarlo a aislarse, pensando que es capaz de recorrer el camino cristiano solo; una forma de pensar muy peligrosa.

indiferencia

Una de las más grandes tácticas de Satanás contra los cristianos es hacer que un espíritu de indiferencia los haga creer que no necesitan preocuparse por las cosas espirituales tanto como una vez lo hicieron. Este espíritu hará que una persona pierda su celo por Dios y que solo siga los movimientos del servicio.

La Biblia nos advierte que "tendrán apariencia de piedad, pero negarán la eficacia de ella" (2 Timoteo 3:5).

indignidad

No tener ninguna valía o valor en la propia opinión; degradarse o desvalorizarse uno mismo.

indisciplina

Una persona indisciplinada que no puede seguir instrucciones o ser guiada por una persona de la autoridad constituida. Una persona ingobernable que no se somete a ningún tipo de control o dirección y, a la larga, se entrega a la rebeldía.

inestabilidad emocional

Cuando los sentimientos y las emociones no pueden equilibrarse porque están sin control, una persona sufre de inestabilidad emocional. Esto es una inestabilidad insana en la manera en que una persona se expresa o trata con los problemas cotidianos. Un desequilibrio hace que la persona se desvíe de un extremo al otro. Un ejemplo sería pasar fácilmente de un fuerte sentimiento de amor a una sensación de odio profundamente arraigada.

inferioridad

Inferioridad es sentirse de poca importancia para otros, como no valioso, y de más baja calidad. La respuesta a nuestra inferioridad es aceptar la superioridad de nuestro Salvador. Esto es, en confiar plenamente en que Dios completará su obra en nuestros corazones.

inhibición

La inhibición es una restricción interna de una libre, natural y espontánea expresión externa. El espíritu de inhibición no dejará que una persona exprese libremente sus pensamientos, emociones y deseos. Es la sensación de estar atado y no poder obrar libremente. La respuesta a la inhibición demoníaca es ser lleno del Espíritu Santo.

inseguridad

Un espíritu de inseguridad impedirá que una persona tenga confianza en sí misma y en su capacidad para hacer las cosas bien. Esto hará que se sienta nerviosa e incómoda. La inseguridad espiritual se refiere a vivir en esclavitud. La Palabra de Dios nos dice que en el amor no hay temor, porque el perfecto amor echa fuera el temor. Debemos entregar nuestros miedos e inseguridades a Dios, y encontrar su fuerza y su poder para vivir libremente.

insignificancia, sentimiento de

Es estar lleno de sentimientos de vacío, de falta de valor y de falta de valía. Cuando la insignificancia tiene una fortaleza en nuestras vidas, no podemos entender nuestro valor y nuestra valía ante a Dios y ante los demás. Cuando el Espíritu Santo vive dentro de nosotros, somos importantes, debido a la presencia de Dios en nosotros. Nuestra identidad está en Cristo; somos hijos de Dios para siempre.

insolencia

Una persona que actúa insolentemente se puede identificar por la vehemencia con que desafía todo aquello con lo que no está de acuerdo. Una persona insolente no está dispuesta a someterse a la autoridad constituida, es de mentalidad rebelde (que a menudo descarría a otros para que se rebelen con ellos), insubordinada, insumisa, testaruda, desvergonzada, indisciplinada, y descaradamente contraria.

insomnio

La continua falta de sueño hará que una persona se canse física, mental y espiritualmente, dejándola vulnerable al ataque demoníaco.

insumisión

Esto es resistencia total y desafío categórico a obedecer a la autoridad constituida. Incluye actos rebeldes incontrolados que evitan toda conformidad y fomentan la incapacidad de someterse cuando es legítimamente debido.

intolerancia

La persona intolerante estará llena de fanatismo, es de mentalidad estrecha y de juzgar a otros. Estamos viviendo en una época en que muchas personas han llegado a ver la tolerancia como soportar cosas que no les gustan. La Biblia nos dice: "No juzguen a nadie, para que nadie los juzgue a ustedes" (Mateo 7:1, NVI). La intolerancia puede conducir al odio y la violencia. Debemos ser lo suficientemente tolerantes unos con otros como para escucharnos y amarnos a pesar de nuestras diferencias.

introversión (demoníaca)

Un espíritu de introversión puede hacer que una persona reflexione y se concentre en su propio bienestar, su vida, y sus intereses al punto de que no tendrá ninguna preocupación por los que la rodean. Como cristianos, somos llamados a ir, y un espíritu de introversión sin duda impedirá que una persona cumpla la voluntad de Dios.

ira

Estar furioso hasta el punto de estar lleno de rabia y enojo. La ira es el enojo en el cual se ha dormido. Dios advierte que no podemos permitir que el sol se ponga sobre nuestro enojo. Podemos enojarnos, pero no se nos permite convertirlo en pecado. Cuando vamos a dormir enojados y nos despertamos enojados, eso siembra ira en nuestros corazones. Se convierte en pecado y abre las puertas al carcelero (el espíritu de esclavitud) en nuestras vidas.

irritabilidad

La irritabilidad hará que una persona se moleste, se impaciente y se enoje fácilmente. Debemos tener un constante crecimiento del fruto del Espíritu de la paciencia en nuestras vidas.

letargo

El letargo espiritual ocasiona una actitud de pereza y lentitud hacia nuestra vida espiritual. Una persona se vuelve espiritualmente seca y débil, y no tiene pasión o energía en su vida espiritual. El apóstol Pablo amonestó: "Es ya hora de levantarnos del sueño; porque ahora está más cerca de nosotros nuestra salvación que cuando creímos" (Romanos 13:11).

maquinaciones malignas

Las maquinaciones malignas revelan planes orgánicos del enemigo que son diseñados para soltar estratégicamente el mal en el ámbito de la tierra. Las maquinaciones malignas se originan en la actividad del segundo cielo, en conspiraciones y confederaciones demoníacas en la tierra, en los espíritus marinos debajo el agua, y en los vórtices o puertas del infierno en el centro de la tierra.

melancolía

La melancolía implica profunda tristeza y tenuidad de luz. Atrapa a una persona en una cueva oscura, sin posibilidad de escape.

mente envenenada

Siembra demoníaca en la mente de una persona que interfiere con lo que es correcto y entra en conflicto con el bienestar o el progreso que se supone debe fluir en la vida de la persona.

mentir

La deshonestidad es común y corriente en el mundo de hoy, y muchos parecen creer que es una conducta normal. Sin embargo, la Biblia toma con tanta seriedad el mentir que es uno de los Diez Mandamientos. Proverbios 10:31 da un consejo sencillo: "La boca del justo producirá sabiduría; mas la lengua perversa será cortada".

migrañas

Manifestación de dolor o presión en la cabeza que puede ser el resultado de un espíritu presente o el resultado de la liberación. Los espíritus que atan la mente, tales como los espíritus pulpo, pitón y araña pueden envolverse alrededor de la cabeza y provocar migrañas. También cuando los demonios son expulsados de la cabeza, una persona puede experimentar la presión de la salida del demonio.

morbosidad

Típicamente un estado enfermizo de la mente o propensión a la melancolía, lo tenebroso, o incluso la muerte. Un ejemplo de morbosidad es una persona con una fijación en lo tenebroso, la muerte, u obsesionada por cosas de naturaleza ocultista.

murmuración y queja

Acción del habla mediante la cual la persona sigue hablando de circunstancias o consecuencias de las que la persona está descontenta o tiene una opinión negativa.

muerte por la lengua

Santiago habla de cómo la vida y la muerte están en poder de la lengua (Proverbios 18:21). La lengua es un arma que puede usarse para hablar lo negativo por medio del poder que Dios ha puesto en ella. Este poder no se limita a los creyentes, sino a cualquier ser humano con una lengua. Debemos ser buenos administradores de las palabras que salen de nuestra boca, porque nuestras lenguas son armas espirituales sumamente poderosas. El poder de matar de la lengua es usado para maldecir y nunca bendecir. Una vez que las palabras salen de la lengua, no pueden regresar.

necesidad de aceptación

Anhelo de una persona de ser incluida o aceptada favorablemente por otros.

negación

La negación es rehusarse a aceptar la verdad y, por lo general, también desaprobar la intervención. Una persona que está negando puede estar cegada en la mente hasta el punto de que realmente crea una mentira más que la verdad. La negación es un espíritu que ciega la mente y cierra las puertas a toda sanidad y liberación. El primer paso para la sanidad es la confesión. El espíritu de negación dificulta el acceso al bálsamo curativo de Galaad que alivia el alma y libera a los cautivos. El diablo está derrotado por la sangre del Cordero y por la palabra de nuestro testimonio. La aceptación y la confesión son la medicina para un corazón negador.

nerviosismo

Estado en el que una persona está anormalmente aprensiva, inquieta o ansiosa.

neurosis

Trastorno por el cual una persona sigue teniendo sentimientos de ansiedad, angustia, y puede operar con tendencias obsesivas sin indicios de enfermedad o dolencia.

obstinación

Ser testarudo, terco, tozudo, o desafiante debido a un espíritu inflexible.

odio

El espíritu de odio es uno que enferma su vaso usándolo contra cualquier cosa o persona que es odiada. Produce una pasión negativa de naturaleza enferma, amarga y rencorosa en el corazón del que odia. El odio, en su punto más alto en la vida de una persona, es vengativo, maligno, desagradable, cruel, y completamente perverso.

opresión

Condición de estar abrumado, cargado, o agobiado que puede deberse a la infiltración demoníaca.

orgullo

Tener una elevada opinión de la propia dignidad, mérito, o superioridad. Leviatán es el rey de los hijos del orgullo. Cada persona que anda en el orgullo cae bajo el poder de su dominio.

participación en el ocultismo

Buscar consciente o inconscientemente poderes que no son dados por Dios, o manipular el ámbito espiritual. Esto incluye la búsqueda de psíquicos, usar cartas de tarot, o tabla Ouija.

pavor

El pavor es estar alarmado o espantado, aterrorizado, o extremadamente impactado. El pavor provoca fuerte pánico y horror cuando la cosa más temida viene sobre una persona.

pereza

Sin celo por el trabajo; rechazo a actuar o participar en cualquier tipo de labor. El espíritu del perezoso: un animal de América del Sur que se cuelga boca abajo y solo come lo que le llega al alcance de la mano. Las manifestaciones en la vida de una persona son las mismas que en el animal:

- mentalidad de lo que alcanza la mano
- ve las cosas de la vida con una perspectiva patas arriba
- holgazanería

perra (diosa de la antigüedad)

En el ámbito natural se considera perra a una hembra canina. Espiritualmente hablando una perra es un espíritu demoníaco. Este espíritu se relaciona a menudo con una mujer y también se lo llama "espíritu coño" debido al órgano sexual femenino. Los adoradores del diablo destacan el hecho de que las mujeres son reproductoras de vida, lo que es considerado el más alto grado de sacrificio. Cuanto más inocente sea la vida, mayor será el sacrificio. Los demonios se burlan del mayor sacrificio realizado jamás: el inmaculado, incontaminado, inocente Cordero de Dios, Jesucristo.

Los honores más altos en el reino de las tinieblas se dan al papel femenino en la adoración al diablo. Los espíritus de las reinas son:

- Reina del cielo: principado del segundo cielo
- Reina de las costas: espíritu marino o de sirena
- Reina del infierno: diosa perra de la antigüedad

Una vez al año, las brujas de todo el mundo tienen un concurso para premiar a la bruja número uno por el mayor poder. La ganadora recibe el nombre de Novia de Satán (no el rey). El consejo superior de lo demoníaco se llama el Consejo de 13. Este es un círculo de trece brujas que son todas mujeres, conocidas en el ámbito espiritual como hombres con matriz. Cada vez que a una mujer se la llama perra en lo natural eso refuerza el poder demoníaco a través de ella y contra la vida de ella. Es una palabra de maldición que la gente usa al azar solo como otro término vulgar... ¡pero no lo es!

perversión sexual

Desviarse del plan que Dios tuvo originalmente para las relaciones sexuales.

pesadez

La pesadez hace que una persona se sienta como si tuviera un gran peso emocional que causa sentimientos de oscuridad y desesperanza. El espíritu de pesadez hace que el corazón de una persona se desanime; empaña la visión y apaga la fe de la persona. Aísla a esa persona de la percepción del amor de Dios.

pobreza de espíritu

Ser débil en el espíritu por falta de la Palabra de Dios, la adoración a Dios, o el conocimiento de Dios.

posesividad

Ser demasiado agresivo en tratar de adueñarse de una persona, lugar o cosa.

preocupación

La preocupación está presente cuando la paz de una persona se ve perturbada por reiterados ataques atormentadores contra la mente. La preocupación afecta demasiado, y la mente no puede llevar la carga porque la ansiedad no ha sido echado sobre el Señor. La mente no fue creada para llevar pesadas cargas de preocupaciones, y estas tienen que ser descargadas sobre el Señor. Estas cargas pesadas manifiestan yugos demoníacos y aflicciones infames. Los yugos de Dios son fáciles, y sus cargas son ligeras.

presunción

La Biblia es muy clara respecto al espíritu de presunción. Este espíritu hace que una persona tenga un concepto de sí más alto que el que debe tener. Esto hace que una persona tenga una opinión excesivamente favorable de su propia capacidad, importancia, o ingenio. Una persona presumida es egotista y llena de vanidad. Romanos 12 nos advierte que no tengamos más alto concepto de nosotros mismos de lo que deberíamos.

Salomón habla del peligro de la vanidad en el libro de Proverbios. Veamos lo que Proverbios enseña sobre la vanidad:

Las riquezas del rico son su ciudad fortificada, Y como un muro alto en su imaginación.

—Proverbios 18:11

¿Has visto hombre sabio en su propia opinión? Más esperanza hay del necio que de él.

—Proverbios 26:12

El hombre rico es sabio en su propia opinión; mas el pobre entendido lo escudriña.

—Proverbios 28:11

Romanos 12:16 nos dice: "Unánimes entre vosotros; no altivos, sino asociándoos con los humildes. No seáis sabios en vuestra propia opinión".

rabietas
Episodios incontrolables de ira por medio de ataques físicos; manifestación habitual de emociones escandalosas bloqueadas.

racismo
Creencia de que debido a las diferencias inherentes entre las razas, una raza es superior a otra.

rechazo desde la matriz
Estado de rechazo cuando el feto o niño no fue deseado y el rechazo entró en el vientre materno.

recuperación de la memoria (demoníaca)
Esta recuperación de la memoria se produce cuando la mente de una persona está plagada de cosas que la afectan de manera obsesiva. La persona es atormentada emocionalmente por malos pensamientos, experiencias desagradables o circunstancias dolorosas del pasado.

rehuir

Ser evasivo o evitar a una persona, lugar o cosa.

repulsión

Ser ofensivo, desagradable, repulsar, estar harto, estar hasta la coronilla de, ser repugnante, asqueroso, despreciable y completamente repulsivo.

retiro

Apartarse o sacarse uno mismo de circunstancias o situaciones naturales por medio de unas vacaciones espirituales, que es un tipo de éxodo de la realidad.

sexo en vez de amor

Estar físicamente obsesionado con actos lujuriosos de sexo para reemplazar el amor como Dios dispuso que fuera entre un hombre y una mujer.

sobrecompensación

Acto de tratar de compensar o suplir las inseguridades físicas, emocionales o espirituales por medio del rendimiento, regalos, posesiones o poder.

sobreprotección

Estado de excesiva protección a una persona, lugar o cosa.

sueño diurno (ensueño)

El sueño diurno es una especie de escapismo a través del ámbito de los sueños. El sueño diurno por lo general tiene lugar durante el día, a veces cuando la persona no está realmente dormida. Puede estar relacionado con un estado de trance temporal en que la persona que se desliza en el espíritu y tiene una visión. La diferencia en el sueño diurno y un sueño regular es que la persona por lo general no está dormida y está alerta después que la visión termina.

suicidio

Espíritu que hace que una persona esté desesperada hasta el punto de quitarse la vida. Matarse. El espíritu de suicidio puede ser de naturaleza física, mental, emocional o espiritual.

tensión

Esfuerzo emocional que causa presión estresante o esfuerzo para poner inquieta, nerviosa o incluso ansiosa o agitada a una persona.

timidez

Ser incómodamente tímido debido a la represión demoníaca. Ser temeroso.

tolerancia excesiva

El acto de otorgar siempre permiso o comportarse de una manera que tiende a la suavidad, debilidad; ser fácil de complacer u obsesivamente amable.

tormento

No tener paz mental o lugar de consuelo. El espíritu de tormento agobia mucho la mente de una persona, sin permitir descanso.

traición

La mayor traición de toda la historia se observa en la Biblia cuando Judas traicionó a Jesús. Desde entonces se ha hecho referencia al acto de traición como al espíritu de Judas. Este espíritu está asignado contra:

- Líderes
- Amantes
- Jefes
- Miembros de la familia
- Amigos y socios

La frase clave para comprender la traición es "espíritu familiar". La raíz de la palabra *familiar* es "familia". En otras palabras, para que haya una traición tiene que haber primero una relación o un punto o vínculo íntimo. La traición es uno de los principales ataques contra el liderazgo de la iglesia. Un tipo de brujería usada contra las personas que trabajan y adoran cerca de los líderes de la iglesia se llama *encantamiento de jaula*. Es un tipo de brujería realizada por medio de fetiches (objetos demoníacos) para manipular y controlar la mente de aquellos que rinden sus vasos por ignorancia. La persona cuya mente es atacada está cegada contra el liderazgo y por lo general se acerca a una persona con un espíritu negativo contra ese mismo liderazgo.

La traición es entregar, exponer o pasar de ser una persona de confianza a un enemigo por perfidia o deslealtad. Incluye la violación de la confianza, la traición de la confianza, o la revelación de un pacto que se acordó mantener en secreto.

trastorno antisocial

Este es un trastorno crónico que provoca una incapacidad para tratar con la gente en general. La persona afligida por este espíritu tiene una postura o una forma de pensar disfuncional cuando trata con otros, especialmente con grupos o multitudes. Esta mentalidad hace que el individuo haga un espacio en el espíritu por medio del cual se acorrala solo y prohíbe la entrada a cualquier persona a su espacio personal. A veces me refiero a este espíritu como al demonio llamado Mi Espacio. Algunas de las manifestaciones de este espíritu son:

- Declaraciones impulsivas
- Rasgos de carácter violento
- Abuso de drogas o alcohol
- Indiferencia áspera y cruel
- Violaciones de la ley sin ningún remordimiento
- Irresponsabilidad en cuestiones profesionales y de familia
- Falta de respuesta a la consejería o a la autoridad
- No considerar lo que está bien o mal

trastornos de la alimentación

anorexia

Cuando una persona cree que es gorda a pesar de estar con un peso sumamente inferior al normal y teme perder peso. Se caracteriza por la inanición y la obsesión con contar calorías, gramos de grasa y hacer dieta.

bulimia

Darse un atracón y evitar el aumento de peso mediante el vómito, la purgación y la ejercitación obsesiva.

comer compulsivamente

Similar a la bulimia en que una persona consume grandes cantidades de alimentos, per sin parar.

trastornos del estado de ánimo

Cuando una persona come excesivamente o se abstiene totalmente de comer debido a la depresión, la ansiedad u otros cambios de humor.

trauma

Perturbación mental, emocional o física intensa experimentada por una persona como resultado de una conmoción. Golpe repentino a la mente, el corazón o el físico de uno.

vanidad

Arrogancia, autoadmiración, y vanagloria, que es auto teísmo y genera la adoración de sí e idolatría contra Dios.

vejación

Ser molestado o agobiado por espíritus de irritación. Estos espíritus provocan o fastidian a la gente para que haga algo por medio de su carácter natural. Vejar significa perturbar la mente hasta atormentarla.

venganza

Cuando una persona toma represalias o toma su destino en sus propias manos. La venganza no pertenece a nadie más que a Dios. "Mía es la venganza", dice el Señor (Deuteronomio 32:25).

vergüenza

Es normal que una persona sea un poco tímida, pero un fuerte espíritu de vergüenza puede ser influenciado demoníacamente. Cuando una persona se vuelve incómodamente tímida y se avergüenza con demasiada facilidad por la situación más simple, es probable que su estado sea motivado espiritualmente, y no por Dios. La Palabra de Dios es clara en que Dios no ha dado a su pueblo un espíritu de cobardía (timidez), sino de poder, amor y dominio propio (2 Timoteo 1:7). Esta escritura trae una pregunta a la mente. Si Dios no ha dado a su pueblo un espíritu de cobardía, ¿quién lo ha hecho? Esta respuesta es demasiado fácil: ¡el diablo! Un cierto grado de timidez puede ser una incapacidad espiritual. Eso coloca un torniquete demoníaco en torno a la vida de un individuo y sofoca:

- El poder de Dios en su vida
- La capacidad de amar
- La forma en que piensan

Ser vergonzoso puede parecer lindo o incluso sonar como algo que no es tan malo. En realidad, cuando nos alineamos con la Palabra de Dios, el espíritu de timidez es un obstáculo para la vida victoriosa, y no es lo mejor de Dios para su pueblo.

victimización

Sujetar a opresión, pérdida o sufrimiento. Una persona puede ser victimizada en una situación real o bajo el ataque del espíritu de victimización, que hace que él o ella acepten una sensación falsa de ser víctimas. La victimización está solo en la mente.

CAPÍTULO 4
Espíritus religiosos

Espíritus religiosos en liberación

E N ESTE CAPÍTULO he incluido los espíritus religiosos a abordar durante las sesiones de liberación. Conocerlos lo preparará para la guerra espiritual.

Definiciones: espíritus religiosos

ángel de luz

> Y no es maravilla, porque el mismo Satanás se transfigura en ángel de luz.
>
> —2 CORINTIOS 11:14

Estos son agentes del enemigo que tienen un solo propósito, y es infiltrarse y engañar. Este es un espíritu falso. Los ángeles de luz se infiltran intencionalmente en los ministerios a fin de destruirlos desde dentro hacia fuera. La palabra para *transfigura* en este pasaje de la Escritura es *metaschematizo*, y significa transfigurar o encubrir. La Biblia dice que no debemos conformarnos a las cosas de este mundo, sino ser transformados por la renovación de nuestro entendimiento (Romanos 12:2). Los ángeles de luz tienen la extraña habilidad de ligar las cosas del mundo con la Palabra de Dios, abriendo la puerta a doctrinas de demonios para reemplazar la Palabra de Dios.

antievangelístico, espíritu

> Por tanto, id, y haced discípulos a todas las naciones, bautizándolos en el nombre del Padre, y del Hijo, y del Espíritu Santo.
>
> —MATEO 28:19

> El Señor no retarda su promesa, según algunos la tienen por tardanza, sino que es paciente para con nosotros, no queriendo que ninguno perezca, sino que todos procedan al arrepentimiento.
>
> —2 PEDRO 3:9

> ¡Ay de vosotros, escribas y fariseos, hipócritas! porque recorréis mar y tierra para hacer un prosélito, y una vez hecho, le hacéis dos veces más hijo del infierno que vosotros.
>
> —MATEO 23:15

> Porque el que se avergonzare de mí y de mis palabras, de éste se avergonzará el Hijo del Hombre cuando venga en su gloria, y en la del Padre, y de los santos ángeles.
>
> —LUCAS 9:26

> Porque no me avergüenzo del evangelio, porque es poder de Dios para salvación a todo aquel que cree; al judío primeramente, y también al griego.
>
> —ROMANOS 1:16

Un espíritu antievangelístico tiene una doble naturaleza, que se manifiesta de manera diferente en diferentes personalidades. El objetivo es impedir por medio de una percepción falsa que el individuo comparta el evangelio. La primera forma en que un espíritu falso se manifiesta es al hacer que la persona juzgue a la gente en cuanto a si son, o no, dignos del evangelio. La segunda forma en que se manifiesta es a través de un espíritu de temor al rechazo. Innumerables almas han sido pasadas por alto simplemente porque alguien se avergonzó de compartirles el evangelio o no creyó que Dios estaría interesado en alguien que ellos consideraban sin importancia. El verdadero espíritu de evangelismo va a las personas y a los lugares que no son atractivos para la vista, pero que han sido escogidos por Dios para escuchar la buena noticia.

Anticristo, infiltración del

> Quién es el mentiroso, sino el que niega que Jesús es el Cristo? Este es anticristo, el que niega al Padre y al Hijo.
>
> —1 Juan 2:22

La infiltración del anticristo es solo eso: una persona que niega que Jesús es el Mesías. *Cristo* significa "el Ungido, el Mesías". Este tipo de infiltración se enfrenta a todo lo que tiene que ver con Jesús. Esta infiltración tiene sus raíces en el humanismo secular, que pone la voluntad del hombre por encima de la voluntad de Dios. Esto está siendo propagado en los medios de comunicación, la televisión y la música. Hay varios movimientos a los que se les ha dado la tarea de la infiltración del anticristo, y que son:

- Movimiento proelección
- Agenda homosexual
- Doctrina de la inclusión

antimilagro, espíritu

> Y no pudo hacer allí ningún milagro, salvo que sanó a unos pocos enfermos, poniendo sobre ellos las manos.
>
> —Marcos 6:5

Este espíritu es muy común en la Iglesia de Cristo. Enseñan que los milagros y las sanidades no son para hoy. Esta doctrina enseña que los milagros cesaron con la muerte de los apóstoles. La fe es la gasolina que enciende el motor de los milagros. La raíz de este espíritu es la duda y la incredulidad. Es un fuerte espíritu de error religioso.

argumentación, espíritu de

Hacer una observación o defender lo que es correcto resulta a veces muy necesario. Pero algunas personas entran a un ámbito en que adquieren un espíritu argumentativo. Desarrollan una controladora y persuasiva determinación alimentada por un razonamiento incorrecto. Job 6:25 dice: "¡Cuán eficaces son las palabras rectas! Pero ¿qué reprende la censura vuestra?". ¿Cuándo el hacer una observación llega a ser un espíritu del cual nada bueno puede salir? Lo primero que hay que reconocer es que el espíritu de discusión hace que argumentar se vuelva un hábito para un individuo. En lugar de hacer una observación cuando es necesario, la persona argumenta por todo hasta que se vuelve irritante. Un fastidio es un espíritu demoníaco, y la persona a menudo tiene que ser liberada de él. Este espíritu hace que una persona se estanque en una rutina sobre las cosas más simples y muchas veces se desvíe a la falta de perdón y la amargura. El espíritu de discusión también hace que una persona se vuelva antagónica y combativa contra personas que no son enemigos válidos. Un espíritu argumentativo puede volverse competitivo y contencioso, incluso en una relación matrimonial o una sociedad empresarial. Este espíritu lleva a la persona de *hacer una observación* a *demostrar que tiene la razón*, lo cual es una postura muy peligrosa de asumir.

búsqueda de atención, espíritu de

Esto se refiere a una persona que se goza al ser vista u oída. Por lo general, una persona que sufre de este tipo de deseo tiene accesos de rechazo y rebelión. El rechazo puede provenir de una relación o un incidente del pasado, pero siempre engendra rebelión, que se menciona en la Biblia como brujería. Debido a que la persona ha sido empujada, retenida o se le ha negado acceso en una situación de su vida, se defiende mediante el espíritu de rebelión. A cambio, la persona se manifiesta:

1. Empujando
2. Reteniendo
3. Negando acceso

Todas estas manifestaciones son *mecanismos para atraer la atención* que alimentan un lugar vacío en el corazón y fijan la esclavitud de la fortaleza en la vida de esa persona.

hechicería carismática

> Hay diversidad de dones, pero el Espíritu es el mismo.
>
> —1 Corintios 12:4

La palabra griega para "don" en la Biblia es *járisma*. Gálatas 5:20 enumera la hechicería como una obra de la carne. La hechicería carismática es la mezcla de los dones del Espíritu con la carne. Los dones que siguen operando después de que la unción se ha ido son ejemplos de hechicería carismática. Hechicería carismática es ser conducido por el don en vez de ser guiado por el Espíritu. El mejor ejemplo de esto en la Biblia sería la iglesia en Corinto (vea el libro de 1 Corintios).

machismo, espíritu de

Este espíritu puede hacer que un hombre se convierta en un matón, bestial y dominante. Bajo el control de este espíritu demoníaco un hombre puede volverse cruel, amargado, y a menudo abusivo con otros, tanto emocional como espiritualmente. Algunos hombres machistas pueden creer que solo los hombres están hechos a imagen de Dios, no las mujeres, malinterpretando 1 Corintios 11:7, que dice: "el varón...es imagen y gloria de Dios; pero la mujer es gloria del varón".

destructores de la iglesia (desde el interior)

> Porque yo sé que después de mi partida entrarán en medio de vosotros lobos rapaces, que no perdonarán al rebaño.
>
> —Hechos 20:29

Estos espíritus se especializan en el sabotaje, la manipulación, y la destrucción completa contra el hombre o la mujer de Dios colocados sobre la asamblea. Estos espíritus liberan veneno puro en la congregación con el fin de cerrar las puertas de la iglesia lo cual es su objetivo. Un ejemplo de esto sería el abusar sexualmente de los niños o el fraude financiero. La confianza de la congregación es el objetivo del ataque. La Biblia dice que debemos reconocer a quienes trabajan entre nosotros (1 Tesalonicenses 5:12).

divisores de la iglesia

> Y de vosotros mismos se levantarán hombres que hablen cosas perversas para arrastrar tras sí a los discípulos.
>
> —Hechos 20:30

Los divisores de la iglesia operan en el cordón de tres dobleces de ismo, cisma y división. Estos espíritus tienen como objetivo a los fieles y leales para hacerlos cuestionar la autoridad constituida sobre ellos. Ellos están buscando específicamente a líderes que tienen rango en el ministerio y cuentan con el favor de la congregación. Yo creo que el hombre fuerte detrás de los divisores de la iglesia es el espíritu de Absalón. (Vea 2 Samuel, capítulos 13-18.) Creo que el noventa por ciento de las divisiones de la iglesia se remonta a un espíritu de ofensa al que se le permitió convertirse en abierta rebelión. Absalón estaba enojado porque su padre, David, nunca se ocupó de Amnón por haber violado a su hermana Tamar. Absalón nunca le expresó esto a su padre, pero en cambio tomó el asunto en sus propias manos, mató a Amnón e intentó arrebatarle el reino a su padre.

confusión, espíritu de

Hechos 19:29 dice que toda la ciudad se llenó de confusión. Primera de Corintios 14:33 nos permite saber que Dios no es el autor de la confusión. El espíritu de confusión es demoníaco. Finalmente, se nos dice en Santiago 3:16 (NVI) que donde hay envidias y ambiciones egoístas, la confusión está en el medio. Cuando una persona está confundida no tiene claridad en la mente y está atada por la perplejidad emocional, el desorden y el embrollo.

contención, espíritu de

Un espíritu de contención es un espíritu guerrero que hace que las personas luchen oponiéndose y se esfuercen en rivalizar sin ningún resultado final. Significa competir, argumentar, hacer reclamo o luchar. En 1 Corintios 9:26 Pablo dice que él lucha, no como "quien golpea el aire", sino como alguien que sabe que tiene un verdadero enemigo. La contención puede ser una cosa buena o mala. Efesios 6:12 nos dice que no tenemos guerra contra sangre y carne, sino contra las fuerzas espirituales que no podemos ver. Aprendemos en 2 Corintios 10:4 que "las armas de nuestra milicia no son carnales, sino poderosas en Dios para la destrucción de fortalezas". La clave para tratar con el espíritu de contención es no perder el tiempo luchando en el ámbito de la carne. El diablo quiere hacernos perder tiempo dando golpes al aire. Al enemigo le encanta jugar a los juegos de la guerra psicológica con nuestras mentes para llevarnos a batallas en lo natural. Luchar con armas naturales o tomar los asuntos en nuestras propias manos ciertamente conducirá a la derrota. Luchar contra el diablo con armas naturales lo coloca en una situación ventajosa. Cuando nos mantenemos firmes en nuestro lugar en el Espíritu Santo, la victoria es inevitable. El espíritu de contención viene contra la mente de una persona como resultado de la guerra territorial asignada para distraerlo de la verdadera batalla: la guerra espiritual. Una persona puede sentirse abrumada por los problemas que siguen surgiendo para cegarla con problemas familiares, en el trabajo, o incluso en el ministerio, a fin de que no pueda ver lo que realmente está pasando.

demoníaca, consagración

La consagración demoníaca se refiere a alguien que se separa para propósitos demoníacos. Ejemplos son el ayuno y el celibato. Estas cosas se hacen para obtener poder e influencia en el ámbito demoníaco.

demoníaca, curación

Es la curación que se genera a través del uso de espíritus y prácticas demoníacas como la brujería. Un ejemplo de un método utilizado en la sanidad demoníaca sería la acupuntura.

demoníaca, profecía

Y Sedequías hijo de Quenaana se había hecho cuernos de hierro, y decía: Así ha dicho Jehová: Con estos acornearás a los sirios hasta destruirlos por completo. De esta manera profetizaban también todos los profetas, diciendo: Sube contra Ramot de Galaad, y serás prosperado; porque Jehová la entregará en mano del rey. Y el mensajero que había ido a llamar a Micaías, le habló diciendo: He aquí las palabras de los profetas a una voz anuncian al rey cosas buenas; yo, pues, te ruego que tu palabra sea como la de uno de ellos, que hables bien.

Dijo Micaías: Vive Jehová, que lo que mi Dios me dijere, eso hablaré. Y vino al rey. Y el rey le dijo: Micaías, ¿iremos a pelear contra Ramot de Galaad, o me estaré quieto? El respondió: Subid, y seréis prosperados, pues serán

entregados en vuestras manos. El rey le dijo: ¿Hasta cuán-
tas veces te conjuraré por el nombre de Jehová que no me
hables sino la verdad?

Entonces Micaías dijo: He visto a todo Israel derramado
por los montes como ovejas sin pastor; y dijo Jehová: Estos
no tienen señor; vuélvase cada uno en paz a su casa. Y el
rey de Israel dijo a Josafat: ¿No te había yo dicho que no
me profetizaría bien, sino mal? Entonces él dijo: Oíd, pues,
palabra de Jehová: Yo he visto a Jehová sentado en su trono,
y todo el ejército de los cielos estaba a su mano derecha y
a su izquierda. Y Jehová preguntó: ¿Quién inducirá a Acab
rey de Israel, para que suba y caiga en Ramot de Galaad?
Y uno decía así, y otro decía de otra manera. Entonces
salió un espíritu que se puso delante de Jehová y dijo: Yo le
induciré. Y Jehová le dijo: ¿De qué modo? Y él dijo: Saldré
y seré espíritu de mentira en la boca de todos sus profetas.
Y Jehová dijo: Tú le inducirás, y lo lograrás; anda y hazlo
así. Y ahora, he aquí Jehová ha puesto espíritu de mentira
en la boca de estos tus profetas; pues Jehová ha hablado el
mal contra ti.

—2 Crónicas 18:10-22

La profecía demoníaca es una palabra profética pronuncia-
da bajo la influencia de un espíritu familiar a través de la ruta
del alma. Aunque la verdadera profecía pertenece al Espíritu
de Dios, la profecía demoníaca es conjurada desde el alma del
hombre. El poder de la vida y la muerte está en poder de la
lengua. Todo ser humano, no solo los creyentes, tiene la capacidad de elaborar su mundo con las palabras que habla. La profecía demoníaca trae satisfacción y resultados temporales, sin
embargo, una palabra profética de Dios sigue avanzando y nunca vuelve a Él vacía. Las profecías demoníacas tienden a hala-
gar a los individuos en lugar de llevar corrección y edificación.
Una represión puede ser edificante si se manifiesta a su debido tiempo.

demoníaca, revelación

> Entonces la serpiente dijo a la mujer: No moriréis; sino que sabe Dios que el día que comáis de él, serán abiertos vuestros ojos, y seréis como Dios, sabiendo el bien y el mal.
>
> —Génesis 3:4-5

> Esta sabiduría no es la que desciende de lo alto, sino terrenal, animal, diabólica.
>
> —Santiago 3:15

> Ahora, al resto de los que están en Tiatira, es decir, a ustedes que no siguen esa enseñanza ni han aprendido los mal llamados "profundos secretos de Satanás", les digo que ya no les impondré ninguna otra carga.
>
> —Apocalipsis 2:24, nvi

> Y uno de los ancianos me dijo: No llores. He aquí que el León de la tribu de Judá, la raíz de David, ha vencido para abrir el libro y desatar sus siete sellos.
>
> —Apocalipsis 5:5

La revelación se define como:

1. Acción de revelar o comunicar la verdad divina; algo que es revelado por Dios a los seres humanos.
2. Acción de revelar para ver o hacer conocer; algo que es revelado.

La revelación demoníaca llega cuando buscamos cosas que están fuera de las fronteras y los límites que Dios ha establecido para nosotros en nuestro caminar con Él. Algunas personas tienen dificultades para afrontar el simple hecho de que no están llamadas a saberlo todo. La revelación demoníaca fluye libremente a través de un tercer ojo. El tercer ojo sustituye la verdad con conocimiento y la sabiduría de Dios con sabiduría diabólica.

Los masones, los Caballeros Templarios, la Estrella de Oriente, y la filosofía, todos tienen sus raíces en la búsqueda de un conocimiento más profundo y de la sabiduría oculta. La Biblia dice que Dios da sabiduría libremente a los que le piden. La regla en el Espíritu es: "No vayas a buscarla, sino deja que Dios te la brinde". Recuerde que solo Jesús tiene la capacidad de abrir los sellos de los rollos de la revelación en nuestras vidas.

denominacionales, espíritus

> ¿Acaso está dividido Cristo? ¿Fue crucificado Pablo por vosotros? ¿O fuisteis bautizados en el nombre de Pablo?
>
> —1 Corintios 1:13

La *denominación* se define como nombre, designación, especialmente un nombre general para una categoría. Los espíritus denominacionales tienen sus raíces en las tradiciones de los hombres que han arrastrado a ciertos segmentos de la iglesia y hacen que un puñado de creyentes se fragmente y salga del propósito original de la Iglesia. Los espíritus denominacionales vienen a traer división y separación. Ellos ponen la tradición por encima de la verdad.

diva

El prefijo *diva* es la abreviatura de la palabra *adivinación*. Una diva es una diosa femenina o una mujer que es objeto de adoración. La razón por la que incluí este término como un espíritu que requiere liberación en los seres humanos se debe a que muchos han tomado esta palabra como una moda para describir a una mujer que se supone que tiene onda. La mujer que tenía onda en la Biblia se llamaba "virtuosa" no "diva", ¡una diva es una bruja! Las divas tienen un tercer ojo porque adivinan, descubren adivinando. La mujer del decimosexto capítulo de los Hechos tenía un "espíritu de adivinación" (v. 16). Ella veía a través de un tercer ojo y se ganaba la vida con la predicción o la adivinación. Esta palabra especial adivinación es *pudsón* en el idioma griego, y significa *pitón*. Una pitón se envuelve alrededor de su víctima y no le permite inhalar. La víctima puede, sin embargo, exhalar. Cuando una persona tiene más egresos que ingresos, eso es representativo de un espíritu de pobreza. Cuando una mujer se identifica con el espíritu de adivinación, o se permite ser colocada en una postura para ser adorada, eso disminuye su valía, y en última instancia tiende hacia una mentalidad de pobreza. Proverbios 31:10 nos dice que una mujer capaz, inteligente y virtuosa es difícil de encontrar. Ella es más preciosa que las joyas, y su valor sobrepasa a rubíes y perlas. Hay suficientes divas en el mundo. Usted puede encontrar una en cada esquina, porque todo el mundo quiere ser una. ¡Yo mejor quiero ser difícil de hallar y ser llamada "virtuosa"! Mujeres de Dios…dejemos que las mujeres de esta época tengan el título de *diva*.

escudero maligno

> Y él entró, y se puso delante de su señor. Y Eliseo le dijo: ¿De dónde vienes, Giezi? Y él dijo: Tu siervo no ha ido a ninguna parte. El entonces le dijo: ¿No estaba también allí mi corazón, cuando el hombre volvió de su carro a recibirte? ¿Es tiempo de tomar plata, y de tomar vestidos, olivares, viñas, ovejas, bueyes, siervos y siervas? Por tanto, la lepra de Naamán se te pegará a ti y a tu descendencia para siempre. Y salió de delante de él leproso, blanco como la nieve.
> —2 REYES 5:25-27

El mejor ejemplo de un escudero maligno sería Giezi. El espíritu de Giezi viene sobre individuos que caminan cerca de poderosos hombres y mujeres de Dios, pero cuyos motivos no son correctos. Ellos comienzan a perder de vista el propósito de estar allí, que es servir a ese hombre o mujer de Dios. Por medio de un espíritu familiar empiezan a sentir como si se les debiera algo a causa de a quién sirven. El espíritu de Giezi hará que uno se vuelva leproso en el espíritu.

ministerio de ayuda maligno

Se refiere a aquellos que estratégicamente se proponen como voluntarios para ocupar puestos en el ministerio que no tienen un corazón para servir. Son asalariados que violan el ministerio de las finanzas, el tiempo, los recursos y el crecimiento espiritual por una misión demoníaca.

falsa espiritualidad

Esto es la alabanza y la adoración falsas, la falsa liberación, falsas lenguas, que actúan en la carne bajo el disfraz de espiritualidad y falsos dones del espíritu.

falso apóstol

Porque éstos son falsos apóstoles, obreros fraudulentos, que se disfrazan como apóstoles de Cristo. Y no es maravilla, porque el mismo Satanás se disfraza como ángel de luz.

—2 Corintios 11:13-14

falsa carga

Llevar una carga que no está asignada por Dios.

Porque mi yugo es fácil, y ligera mi carga.

—Mateo 11:30

Las cargas falsas vienen sobre nosotros cuando los escuderos salen de la voluntad de Dios para nuestras vidas. Las cargas falsas vienen para hacerlo pesado en el espíritu. El propósito de la falsa carga es hacer que usted tenga tanto peso y esté tan cansado de hacer el bien que levante sus manos y se rinda.

falso Cristo

La palabra griega para falso Cristo es *pseudochristos*. Mateo 24:24 dice que se levantarán falsos cristos, y surgirán falsos profetas, y harán grandes señales y prodigios para engañar y desviar, si fuese posible, aun a los elegidos, los escogidos de Dios.

falsa compasión

La compasión se define como conciencia solidaria de la angustia de otros, junto con el deseo de aliviarla. La falsa compasión hace que uno exprese compasión de palabra y no con hechos.

falso movimiento carismático

Esto se refiere a un movimiento que parece ser de Dios, pero está inspirado por los demonios.

falsa doctrina

> Mas evita profanas y vanas palabrerías, porque conducirán más y más a la impiedad. Y su palabra carcomerá como gangrena; de los cuales son Himeneo y Fileto, que se desviaron de la verdad, diciendo que la resurrección ya se efectuó, y trastornan la fe de algunos.
>
> —2 TIMOTEO 2:16-18

La falsa doctrina es la doctrina que no es verdadera sino que se hace pasar por algo cierto. La falsa doctrina es evidente en todas las religiones fuera del cristianismo. Un ejemplo de falsa doctrina es el islam. Otro ejemplo de una doctrina falsa es aquellos que enseñan que la sanidad y los milagros no son para hoy. Cualquier cosa que añade o quita de la Biblia es falsa doctrina.

falsa fe

> Es pues la fe la sustancia de las cosas que se esperan, la demostración de las cosas que no se ven.
>
> —HEBREOS 11:1

La palabra "sustancia" en el griego es *hupostasis*, y significa esencia, garantía (objetiva o subjetivamente), confianza, un garante, sustancia.

Cuando la sustancia de su fe no puede rastrearse hasta la Palabra de Dios o a la persona de Jesucristo, está operando en una fe que es falsa. Un ejemplo de falsa fe, sería poner la creencia y la confianza en la economía del hombre en lugar de en Jehová-Jireh, quien es su proveedor.

falsos dones

Pero había un hombre llamado Simón, que antes ejercía la magia en aquella ciudad, y había engañado a la gente de Samaria, haciéndose pasar por algún grande.

—Hechos 8:9

Porque irrevocables son los dones y el llamamiento de Dios.

—Romanos 11:29

Toda buena dádiva y todo don perfecto desciende de lo alto, del Padre de las luces, en el cual no hay mudanza, ni sombra de variación.

—Santiago 1:7

Lo que hace falso a un don no es el don, sino el espíritu que opera en él. Así como un falso profeta no es un adorador del diablo, sino uno que no vive un estilo de vida que sería ejemplo de la de un profeta de Dios; del mismo modo un falso profeta es alguien que solo opera en un don. Ellos usan su don como una máscara para ocultar su estilo de vida rebelde. Todos los dones vienen de Dios Padre y han sido puestos en el interior de cada ser humano antes de que se colocaran los cimientos de la tierra. Un falso don se produce cuando el espíritu que hace que ese don funcione es cualquier otro y no el Espíritu Santo.

falso predicador

Algunos de ustedes admiten que no les fui una carga, pero otros todavía piensan que fui muy astuto y que me aproveché de ustedes con engaños. ¿Pero cómo? ¿Acaso alguno de los hombres que les envié se aprovechó de ustedes?

—2 Corintios 12:16-17, ntv

Un falso predicador es el que trafica con la Palabra de Dios para su propio beneficio. Ellos predican mensajes que no hieren susceptibilidades a fin de evitar que el *dinero* se vaya. Ven las cosas solo como *quid pro quo* o algo por algo. Los falsos predicadores están atados por el *ozen*. El *ozen* es el oído que pesa y equilibra lo que oye de sí mismo con la regla de su yo. Si ellos no ven en eso nada para sí mismos, no participarán.

falsa profecía

> Si el profeta hablare en nombre de Jehová, y no se cumpliere lo que dijo, ni aconteciere, es palabra que Jehová no ha hablado; con presunción la habló el tal profeta; no tengas temor de él.
>
> —Deuteronomio 18:22

> ¿Sacarás tú al leviatán con anzuelo, o con cuerda que le eches en su lengua?...Menosprecia toda cosa alta; es rey sobre todos los soberbios.
>
> —Job 41:1, 34

> La dádiva del hombre le ensancha el camino y le lleva delante de los grandes.
>
> —Proverbios 18:16

Una falsa profecía no siempre significa necesariamente que sea una mentira absoluta. Aunque una profecía falsa puede identificarse como una profecía que no ha sucedido, como nos dice la Biblia, también puede ser una palabra fuera de tiempo. Recuerde que lo que hace que algo sea falso es el espíritu que lo opera. La Biblia nos dice que el espíritu de la profecía es el testimonio de Jesús. Jesús es la verdad y nunca llega tarde ni temprano, sino siempre a tiempo. Cuando las palabras son manifestadas antes de tiempo, se convierten en una profecía falsa simplemente porque el Espíritu de Dios no autorizó la manifestación. Los profetas en ciernes caen en esta trampa todo el tiempo porque su nivel de madurez no siempre se alinea con el don que Dios ha puesto dentro de ellos. El espíritu de presunción es asignado contra los profetas en ciernes. Este espíritu tiene sus raíces en el espíritu de Leviatán.

Presuntuoso es definido como sobrepasar los límites debidos (como los del decoro o los de la cortesía), tomarse libertades. La palabra hebrea para "presunción" es *zadón*, y significa, "arrogancia; soberbia, orgullo, (hombre) orgulloso".

Es de extrema importancia para la supervivencia de los profetas en ciernes que se someten a la autoridad apostólica y reciban la corrección que viene con el temple y el perfeccionamiento de su llamado. Dios incluso creará situaciones y circunstancias que harán que venga la corrección de la autoridad constituida en sus vidas a fin de lograr la humildad requerida para hacer que uno esté calificado para hablar la Palabra del Señor.

falsa prosperidad

Mucha gente no entiende que el diablo puede bendecirla, pero es una bendición falsa o falsa prosperidad. Mateo 16:26 hace la pregunta: "¿Qué aprovechará al hombre, si ganare todo el mundo, y perdiere su alma?" Hay una forma demoníaca de obtener ganancia y una manera falsa de beneficiarse. Hay un camino que al hombre le parece derecho, pero su final es muerte (Proverbios 14:12; 16:25). El mero hecho de que una persona tenga riquezas no significa que tenga una vida abundante.

falsa religión

La religión pura y sin mácula delante de Dios el Padre es esta: Visitar a los huérfanos y a las viudas en sus tribulaciones, y guardarse sin mancha del mundo.

—Santiago 1:27

Cualquier forma de adoración que exalta a dioses o ideologías distintos de Jesucristo como el único camino al Padre es una religión falsa. Es importante entender que lo que el mundo califica como religión no es a lo que Dios nos ha llamado. No hemos sido llamados a un conjunto de preceptos y rituales, sino a la vida. Esa vida es Jesús. Hemos sido llamados a ser creyentes. Encuentro interesante que Santiago no la llama *verdadera religión*, sino *religión pura* en Santiago 1:27. El espíritu de religión no es más que un laberinto sin salida. Hace que uno se esfuerce siempre por una perfección que nunca puede lograrse. Santiago nos está diciendo que si vamos a ser religiosos por algo, que sea por servir a otros y mantenernos sin contaminación del mundo.

falsa responsabilidad

Y hubo algunos que se enojaron dentro de sí, y dijeron: ¿Para qué se ha hecho este Desperdicio de perfume? Porque podía haberse vendido por más de trescientos denarios, y haberse dado a los pobres. Y murmuraban contra ella.
—Marcos 14:4-5

El espíritu de falsa responsabilidad viene sobre la gente que olvida su rol en el ministerio. Nuestro rol no es ser Dios, sino un recipiente vacío para que Él lo use. Cuando empezamos a pensar que la salvación, la liberación, o el bienestar de un individuo depende únicamente de nosotros, eso abre la puerta al espíritu de falsa responsabilidad. Jesús es el único que murió por nuestros pecados, no usted, ni yo, ni nadie más. Él es el único que puede romper los yugos y dejar libres a los oprimidos. Recuerde que aunque participamos en el ministerio, el ministerio le pertenece a Él. No somos más que mayordomos a quienes se les ha confiado la verdad de Dios.

falsa palabra

El Espíritu dice claramente que, en los últimos tiempos, algunos abandonarán la fe para seguir a inspiraciones engañosas y doctrinas diabólicas. Tales enseñanzas provienen de embusteros hipócritas, que tienen la conciencia encallecida.
—1 Timoteo 4:1-2, nvi

La palabra griega para "falso" es *pseudológos*. Para todo lo que Dios tiene, el diablo tiene una falsificación. Las personas falsas tienen palabras falsas. Tienen espíritus mentirosos que manifiestan las mentiras por medio de las palabras que hablan.

falso testimonio
Mateo 19:18 dice que los creyentes no están llamados a dar falso testimonio. La palabra griega para "falso testimonio" es *pseudomaturéo*. El diablo es derrotado "por medio de la sangre del Cordero y de la palabra del testimonio de ellos [los santos]", (Apocalipsis 12:11).

fricción, espíritu de
La lucha espiritual produce electricidad demoníaca, lo cual hace que la unidad sea imposible. Las manifestaciones de este espíritu están en controversias, disputas, discusiones y diferencias de opiniones. Por lo general, la raíz de estas controversias no se puede identificar porque son iniciadas por demonios. La fricción demoníaca es enviada para lentificar los movimientos y ministerios.

culpa, espíritu de
Este término no se refiere a que una persona sea inocente o culpable de un acto, sino que se relaciona con el espíritu de condenación que gobierna sobre la cabeza de una persona, cuando esa persona no puede aceptar el hecho de que ha sido perdonada por Dios. La Biblia enseña que no hay condenación para los que están en Cristo Jesús. La palabra *condenación* significa "ser condenado". La Biblia declara (Romanos 8:1) que los que esperan en el Señor no serán condenados. Condenado significa ser:

• Penado
• Sentenciado eternamente
• Réprobo
• Maldito

- Destinado a la perdición
- No justificado

espíritu negativo

El estado de una persona que tiene un patrón constante de acción, conducta, conversación, o pensamiento que no es positivo.

nadie me quiere, espíritu de

Un espíritu de rechazo profundamente arraigado que hace que una persona esté convencida de que no es amada por nadie y es odiada por todos.

perfección, espíritu de

El espíritu o el estado de búsqueda de perfección en todo momento.

persecución, espíritu de

Espíritu que hace que una persona sea perseguida constantemente o viva bajo persecución.

discusión y pelea, espíritu de

Espíritu que se caracteriza por las continuas luchas, argumentos, contención, y altercados físicos y verbales.

estafador, espíritu de

Un estafador es un tipo hábil que gana la confianza de otros para sacar ventaja de ellos. Este espíritu siempre se manifiesta por medio de las grandes ideas del impostor a expensas de gran costo de su víctima. Las manifestaciones incluyen:

- Un fraude
- Una estafa
- Una patraña
- Una farsa
- Un golpe bajo

espíritu feo

Un espíritu encargado de hacer que una persona actúe, luzca o piense mal.

actuar feo

Actuar feo es ser problemático, despreciable, infame y molesto.

lucir feo

No importa lo bonita que una persona pueda ser, este espíritu la convence de que es fea. La persona está cegada y tiene una visión distorsionada de su aspecto. Debido a que la persona está convencida de que es fea, comienza a manifestar características que no son agradables a la vista.

pensar feo

La Biblia dice que como un hombre piensa, así es él (Proverbios 23:7). Pensar feo es ser feo. Este tipo de pensamientos manifiestan características poco agraciadas, no bellas, desgarbadas, impropias.

violencia, espíritu de

Un espíritu que manifiesta ataques de fuerza para provocar coerción o lucha.

vulgar, espíritu

Este espíritu se manifiesta a través de una persona que expresa obscenidad que es grosera y burda al público en general. Sus acciones son usualmente de mal gusto, estrafalarias o crueles.

brujería, espíritu de

Control y manipulación del ámbito espiritual para afectar las cosas que se relacionan con la vida en lo natural. Las acciones de esta persona son obras de la carne, tales como la rebelión y obstinación. La brujería se relaciona con:

- Encanto
- Embrujo
- Magnetismo
- Amuletos
- Conjuros
- Encantamiento
- Fascinación
- Fetiches
- Maleficios
- Hechizos
- Magia
- Magnetismo
- Taumaturgia
- Nigromancia
- Hechicería
- Daño
- Brujería

CAPÍTULO 5

Terminología y definiciones (mitología y horóscopos)

 STE CAPÍTULO CONTIENE terminología y definiciones
relacionadas con la mitología y el horóscopo. Examinaremos con mayor profundidad los diferentes términos que
se encuentran en la mitología griega y romana y en la astrología
en los siguientes capítulos. El objetivo de este capítulo es darle
definiciones generales de esos términos.

astrología
La astrología es una antigua ciencia que antecede tanto a la
astronomía como a la psicología. Es el estudio de las estrellas y
planetas y sus interacciones, basándose en precisos ciclos matemáticos. Los primeros registros astrológicos datan del 1600 a. C.
Se pueden encontrar evidencias de la astrología en la sofisticada
ciencia de los calendarios del antiguo Egipto y en los antiguos
escritos de Ptolomeo. Dos de los emperadores de Roma fueron
astrólogos que gobernaron basándose en las estrellas.

En su uso más temprano la astrología era idéntica a la astronomía, poniéndose particular atención en usar la ciencia de la
astronomía para predecir eventos. Se desarrollaron dos corrientes de astrología, incluyendo la *astrología natural,* que se convirtió en el cálculo y la predicción de fenómenos naturales
como las mareas y los eclipses, y la *astrología judicial,* el arte

de juzgar las influencias ocultas de las estrellas en los asuntos humanos. Para finales del 1400 la astrología estaba limitada a determinar la influencia de las estrellas y sus efectos en el destino humano, conocidos como horóscopos.

Los científicos de hoy tienen miradas ampliamente divergentes sobre la validez de la astrología, desde la negación total de sus méritos hasta los que apoyan sus enseñanzas. Los astrólogos utilizan diversos sistemas para formular las cartas de horóscopo, como diversas tablas, gráficos e informes numerológicos.

folclore

El término *folclore* se utiliza para referirse a las creencias, mitos, historias y prácticas tradicionales usadas en diferentes culturas. Los cuentos tradicionales son historias y leyendas transmitidas en forma oral en un grupo o cultura. Tratan de explicar o definir los orígenes e interacciones del grupo, incluyendo las maneras, costumbres, prácticas, supersticiones y proverbios.

horóscopo

El horóscopo es un método de adivinación utilizado para crear una predicción del futuro de una persona, basándose en la posición de las estrellas y planetas en el momento en que esa persona nació. Utiliza información del zodíaco, gráficos y diagramas que muestran la posición de los planetas, el sol, la luna y comienzan en un lugar y tiempo particulares. Los horóscopos se remontan a los antiguos griegos, miles de años atrás.

mitos

Se cree que la palabra *mito* tiene su origen en el griego *mythos*, que significa "discurso pronunciado de boca en boca". Los mitos son relatos simbólicos de tiempos antiguos que se relacionan con el origen y la naturaleza del universo. Suelen estar conectados con un sistema de creencias o rituales, e incluyen personajes heroicos. Son vistos como historias sagradas y suelen ser el fundamento de religiones y considerados verdaderos.

natividad

La definición general de *natividad* significa el hecho de nacer. Su sentido teológico más amplio se relaciona con el nacimiento de Jesucristo, el Hijo de Dios, que fue enviado a la tierra para cumplir las profecías del Antiguo Testamento de nacer de su madre terrenal, María.

zodíaco

El término *zodíaco* deriva del latín *zodiacus*, que provino del griego *zodiakos*, y significa "rueda de animales". Los primeros astrónomos babilonios, durante el primer milenio antes de Cristo, dividían el círculo del zodíaco en doce zonas iguales de longitud celestial llamados *signos*, y llamaban a cada zona de acuerdo con una constelación. Los signos del zodíaco, también llamados "signos del sol", indican en qué sector estaba el sol en el momento del nacimiento de alguien. Los signos siguen un patrón que nunca cambia: Aries, Tauro, Géminis, Cáncer, Leo, Virgo, Libra, Escorpio, Sagitario, Capricornio, Acuario y Piscis.

A continuación encontrará una lista de fechas, signos, símbolos y elementos del zodíaco:

Fechas (Momento del nacimiento)	Signo	Símbolo	Elemento
21 de marzo–19 de abril	Aries	carnero	fuego
20 de abril–20 de mayo	Tauro	toro	tierra
21 de mayo –21 de junio	Géminis	gemelos	aire
22 de junio–22 de julio	Cáncer	cangrejo	agua
23 de julio–22 de agosto	Leo	león	fuego
23 de agosto–22 de septiembre	Virgo	virgen	tierra
23 de septiembre–23 de octubre	Libra	balanza	aire
24 de octubre–21 de noviembre	Escorpio	escorpión	agua
22 de noviembre–21 de diciembre	Sagitario	arquero	fuego
22 de diciembre–19 de enero	Capricornio	cabra	tierra
20 de enero–18 de febrero	Acuario	portador de agua	aire
19 de febrero–20 de marzo	Piscis	pescado	agua

Supuestamente, cada uno de estos doce signos representa ciertas características positivas y negativas del comportamiento humano. En astrología estos signos *interpretan* la influencia que se supone tienen las estrellas y planetas en el destino del ser humano (vea el capítulo 8). Esta es una creencia falsa.

A lo largo de toda la historia las estrellas también han sido utilizadas para trazar cartas de navegación de los mares. Dios también usó las estrellas como ilustración de la promesa que le hizo a Abraham de darle una simiente innumerable (Génesis 15:5). Las estrellas deberían hacer que nos maravillemos ante el poder y la sabiduría de Dios y deberíamos utilizarlas para recordar las promesas de Dios a la humanidad. La Biblia indica claramente que la astrología es una forma prohibida de adivinación. La Biblia, no las estrellas, guía nuestros pasos en la vida (Salmos 119:105).

CAPÍTULO 6
Mitología griega

Acrópolis

La palabra *acrópolis* en griego significa "la parte más alta de la ciudad" y se refiere al asentamiento o ciudadela edificada sobre un terreno alto escogido con propósitos de defensa. Había acrópolis por toda Grecia, pero la mayoría de las personas está más familiarizada con la acrópolis de Atenas. De acuerdo con la mitología, el fundador de Atenas fue el rey Cécrope, mitad hombre y mitad serpiente. Él escogió a la diosa Atenea para que fuera patrona de la ciudad y edificó la acrópolis. Otras edificaciones sagradas incluyen la puerta de los Propileos, el Partenón —el principal santuario de Atenea—, el Erectión —santuario dedicado a las deidades agrícolas—, y el templo de Atenea Niké, un símbolo arquitectónico de la armonía de los habitantes de Atenas.

Adonis

Adonis es una figura compleja. Según la tradición, su padre era Tías, rey de Asiria, y su madre era la hija de Tías, Mirra. Mirra que fue obligada por Afrodita a cometer incesto con su padre. Cuando Tías descubrió esto persiguió a Mirra con un cuchillo, y para evitar su ira, los dioses la convirtieron en un árbol de mirra. Tías disparó una flecha al árbol, y Adonis nació de la abertura que se produjo. Afrodita fue seducida por su belleza y primero le dio refugio, luego lo confió al cuidado de Perséfone, diosa del inframundo. Ella también era reverenciada por su belleza, y se negó a devolverlo a Afrodita. Esta disputa fue resuelta por Zeus, y Adonis pasó la mitad de su tiempo cada año con Afrodita, en primavera y verano, y la otra mitad, en el invierno, con Perséfone en el inframundo.

Afrodita

Afrodita era la diosa del amor sexual y la belleza. Los romanos la llamaban Venus. Se decía que había nacido de la espuma del mar, producida por los genitales cortados de Urano (el cielo). Afrodita era adorada como una diosa del mar y como una diosa de la guerra, pero principalmente se la conocía como la diosa del amor y la fertilidad. Por temor a que los dioses pelearan por ella, Zeus la casó con alguien laborioso y cubierto de hollín, el dios herrero Hefesto. Zeus diseñó un cinturón mágico para Afrodita y cuando lo usaba nadie se le podía resistir. Ella no estaba satisfecha con ser la esposa de Hefesto, y era amada por muchos dioses y mortales, el más famoso de los cuales fue Adonis.

Los principales centros de culto de Afrodita estaban en Pafos y Amatus en Chipre y en el isla de Citerea, una colonia minoica, donde probablemente se originó su culto en tiempos prehistóricos. Sus símbolos son la paloma, la granada, el cisne, y el mirto

Amazona

Las amazonas eran guerreras que vivían en el Ponto (hoy Turquía). Cuando los griegos colonizaron el mar Negro, se dijo primero que era el distrito de las amazonas. Pero cuando no se encontró ninguna amazona, se dio una explicación que decía que Hércules dirigió una expedición para obtener el cinturón de Hipólita, la reina de las amazonas, y una vez que las conquistó, las echó de su tierra.

Otros mitos explicaban por qué la nación de mujeres no se desvaneció en una generación. Se decía que las amazonas se apareaban con hombres de otros pueblos, se quedaban con las hijas mujeres y enviaban a los varones al cuidado de sus padres.

El arte griego antiguo muestra batallas entre amazonas y griegos, donde las amazonas parecen asemejarse a la diosa Atenea.

El arco, la flecha y el escudo con forma de media luna eran sus armas. Una tradición peculiar que algunos creen verdadera es que se quitaban la mama derecha para no tener ningún obstáculo al usar la lanza o tirar una flecha.

Andrómeda

Andrómeda era la hermosa hija del rey Cefeo y de la reina Casiopea de Jope, en Palestina (llamada Etiopía). Cuando Casiopea ofendió a las Nereidas alardeando de que Andrómeda era más bella que ellas, Poseidón (dios del mar) envió un gran monstruo para que saqueara el reino de Cefeo. Creyendo que solo el sacrificio de Andrómeda apaciguaría a los dioses, fue encadenada a una roca y la dejaron para que el monstruo la devorase. Perseo se enamoró de Andrómeda y estuvo de acuerdo en asesinar al monstruo, soltar a la princesa, y llevarla de vuelta a casa en tanto sus padres se la dieran en matrimonio. Sin embargo su tío, Fineo, su prometido antes de que fuera encadenada, exigió a su novia. Perseo arrancó la cabeza de Medusa, a quien acababa de matar, y convirtió en piedra a Fineo (todo el que mirara la cabeza se convertía en piedra). Andrómeda le dio a Perseo seis hijos y una hija.

Anio

Anio era el hijo del dios Apolo y de Reo, una descendiente del dios Dionisio. Cuando su padre descubrió que ella estaba embarazada, la puso en un cofre y la arrojó al mar; la corriente la arrastró hasta la orilla de la isla de Delos. Cuando Anio nació, Reo lo colocó sobre el altar de Apolo y lo desafió a cuidar de su hijo. Apolo enseñó a Anio el arte de la adivinación y la profecía, y más tarde Anio se convirtió en su sacerdote. A sus tres hijas, Eno, Espermo y Elais—esto es, vino, semilla y olivo—se les concedió el poder de cambiar lo que quisiesen en estos tres cultivos. De acuerdo con la tradición, las hermanas proveyeron esos alimentos a los griegos durante los diez años que duró la guerra de Troya.

Anteo

Anteo era un gigante de Libia que obligaba a los viajeros que pasaban por su país a que lucharan con él. Cuando Anteo tocaba la tierra (su madre), su fortaleza era renovada y los mataba a todos. Atenea aconsejó a Heracles que levantara de la tierra al gigante durante la batalla, y así pudo aplastarle las costillas y matar a Anteo.

Apolo

Apolo, de sobrenombre Febo, fue una de las deidades más complejas de la religión griega, reconocido como dios de la luz y el sol, la verdad y la profecía, la sanidad, las plagas, la música, la poesía y más. Era el hijo de Zeus y Leto, y tenía una hermana gemela, Artemisa. Cuando la esposa de Zeus, Hera, descubrió que Leto estaba embarazada, le prohibió dar a luz en "tierra firme". Leto encontró la flotante isla de Delos, y allí dio a luz a los gemelos. Cuatro días después de su nacimiento, Apolo mató una gran serpiente (vea Pitón). Cuando Hera mandó al gigante Ticio a matar a Leto, Apolo y su hermana Artemisa protegieron a su madre y mataron al gigante. Apolo disparó una flecha infectada con la peste al ejército griego durante la guerra de Troya y ayudó a Paris a matar a Aquiles guiando una flecha hasta el talón de este.

Aunque Apolo tuvo muchos amoríos, la mayoría de ellos fueron desafortunados: Dafne, en sus esfuerzos por escapar de él, quedó convertida en un árbol de laurel, su arbusto sagrado; Coronis (madre de Asclepio), recibió un disparo de la hermana gemela de Apolo, Artemisa, cuando ella encontró que le era infiel a su hermano; y Casandra (hija del rey Príamo de Troya) rechazó sus insinuaciones y fue castigada con pronunciar verdades proféticas que nadie creería.

Apolo era adorado en todo el mundo griego. Hay muchas esculturas de Apolo, y una de las más famosas es la figura central del Templo de Zeus en Olimpia, que muestra a Apolo declarando victoria sobre los centauros.

Ares

Ares era el dios de la guerra, o más apropiadamente, el espíritu de batalla. A diferencia de su equivalente romano, Marte, él nunca fue muy popular, y su adoración no tenía mayor alcance en Grecia. Era hijo de Zeus y de Hera. Fue rechazado por ambos padres. Era acompañado en batalla por su hermana Enio (Discordia) y sus hijos (y de Afrodita) Fobos y Deimos (Miedo y Terror). Asociarse con Ares impartía una cualidad salvaje, peligrosa o militarizada. Los mitos frecuentemente aluden a sus numerosos romances y abundante descendencia, y es muy conocido como el amante de Afrodita, la diosa del amor. Debido a que Ares mataba hombres, era odiado por los griegos y había pocos cultos a Ares, excepto en Esparta, donde en épocas antiguas se le ofrecían sacrificios humanos de entre los prisioneros de guerra. Tenía un templo en Atenas al pie del Aerópago (la colina de Ares).

Atenea

Atenea, la diosa de la sabiduría, las artes, la industria, la justicia y la habilidad. Era la hija preferida de Zeus, y había emergido, ya completamente crecida, de su cabeza. Su madre era Metis, la diosa de la sabiduría. Atenea adquirió fama de ser una diosa casta, virgen que nunca había tenido un amante. Se vestía como hombre y peleaba en guerras, pero técnicamente era mujer. Era la virgen patrona de Atenas, donde los atenienses fundaron el Partenón de la Acrópolis en su honor.

Atenea aparece en la historia como la que ayudó a muchos héroes, incluyendo a Odiseo, Jasón y Hércules. Aunque era una diosa de estrategias de guerra, no le gustaba pelear sin un propósito y prefería usar su sabiduría para resolver problemas. Como diosa de la guerra, Atenea no podía ser dominada por otras diosas, como Afrodita, y como diosa de palacio, no podía ser profanada. Compitió con Poseidón para ser la deidad patrona de Atenas. Un mito dice que los dos estuvieron de acuerdo en que otorgarían un don a los atenienses, y las personas podrían escoger cuál don preferían. Poseidón golpeó el suelo y surgió un manantial de agua salada, lo que les daba un medio para comerciar agua, pero era salada y no buena para beber. Atenea ofreció el primer olivo domesticado. El rey aceptó el olivo, que trajo madera, aceite y alimento a la ciudad.

Se suele mostrar a Atenea con un búho posado sobre su mano. El árbol de olivo también es sagrado para ella. Fue la protectora de muchas ciudades, además de Atenas, incluyendo a Argos, Esparta y Larisa.

Atlas

Atlas perteneció a la segunda generación de titanes, hijo del titán Jápeto y de la ninfa Clímene (o Asia) y hermano de Prometeo (creador de la humanidad). Personificaba la cualidad de resistencia. En una tradición guió a los titanes en una rebelión contra Zeus y fue condenado a cargar los cielos sobre sus hombros. En otra parece haber sido una creación marina que cargó los pilares que sostenían el cielo y lo separaban de la tierra. Instruyó a la humanidad en el arte de la astronomía, que utilizaban los marinos en la navegación y los agricultores para medir las estaciones.

Briaero

Briareo era uno de los Hecantónquiros, tres antiguos gigantes de las tormentas con cien manos y cincuenta cabezas cada uno. Se casó con la hija de Poseidón, Cimopolea, e hizo su hogar en el fondo del mar Egeo. Sus dos hermanos custodiaban las puertas del Tátaro, el abismo del tormento.

cabiros

También deletreado Kabeiroi, eran un grupo de deidades adoradas en un culto misterioso estrechamente asociado con el de Hefesto, que se concentraba en el norte de las islas egeas. Eran deidades de la fertilidad y protectores de los marinos. A pesar de que su número varió con el tiempo, dos dioses, Axiocerso y Cadmilo, fueron incluidos. Había santuarios de cabiros en Tebas, Boeotia, Lemnos, Imbros y Samotracia. Tenían también un par femenino menos importante: Axiera y Axiocersa. En el período posterior a la muerte de Alejandro el Grande (323 d. C.) su culto alcanzó su esplendor.

caduceo

Hermes, el dios mensajero del Monte Olimpo, tenía una vara mágica llamada *caduceo*, que le había dado Apolo. Esta vara tenía dos serpientes entrelazadas y dos alas en la parte superior. El caduceo simboliza la espina dorsal, el conducto nervioso central, que anima a todos los órganos y miembros del cuerpo. El lugar en que las serpientes se cruzan representa los chakras, centros de energía espinal del cuerpo. Su similitud con el báculo de Asclepio el sanador (una rama larga que tiene al tope una serpiente entrelazada) hizo que en los tiempos modernos adoptaran el caduceo como símbolo de la medicina y emblema del Cuerpo Médico del Ejército de los Estados Unidos.

Calais y Zetes

Calais y Zetes eran los hijos gemelos alados de Boréas y Oritía. Su hermana, Cleopatra, y sus hijos habían sido arrojados a la cárcel por su esposo, Fineo, el rey del país. Zetes y Calais los liberaron por la fuerza, y les dieron el reino a sus primos. De acuerdo con otra historia, liberaron a Fineo de las Harpías. Fueron asesinados por Hércules, posiblemente a raíz de un altercado con Tifis, el piloto de los Argonautas. De acuerdo con la tradición, Calais fundó Cales en Campania.

Calcas

Calcas, el hijo de Téstor (un sacerdote de Apolo) fue el adivino más famoso entre los griegos en el tiempo de la guerra de Troya. Predijo la duración del asedio de Troya, demandó el sacrificio de Ifigenia, hija de Agamenón (rey de Micenas) y aconsejó la construcción de un caballo de madera con el cual los griegos finalmente tomaron Troya. Calcas les dijo a los griegos que necesitarían la venia de Hércules para ganar la guerra de Troya.

Calipso

Calipso era la diosa ninfa de la mítica isla de Ogigia, e hija del titán Atlas. Ella hospedó al héroe griego Odiseo durante siete años pero no pudo vencer sus deseos de volver a casa, ni aún prometiéndole la inmortalidad. Persuadida de dejar ir a Odiseo por Hermes, lo ayudó a construir una balsa que lo llevaría de regreso a Ítaca y a su esposa.

Caos

En la cosmología, Caos fue la primera de los dioses primigenios que surgieron en la creación del universo. Ella fue seguida de Gea (la tierra), Tártaro (el inframundo), y Eros (amor, el dador de vida). Caos fue la madre de la abuela de otras sustancias del aire: Nix (la noche), Erebos (la oscuridad), Éter (la luz), y Hermer (el día).

cariátide

Una cariátide es una figura femenina esculpida que sirve como soporte arquitectónico en lugar de una columna. Los ejemplos más conocidos y más copiados son las seis figuras de la Tribuna de las Cariátides del Erecteión, en la Acrópolis de Atenas.

centauro

Los *kentauros*, en la mitología griega, son una raza de criaturas, parte caballo y parte hombre, que viven en las montañas de Tesalia y Arcadia. La mayoría son bárbaros y salvajes, conocidos por su lujuria y borracheras, con la excepción de Quirón, el centauro sabio.

Eran mejor conocidos por su batalla (centauromaquia) con los lápitas, que resultó a raíz de su intento de raptar a la novia de Piritoo, hijo y sucesor de Ixión. Perdieron la batalla y fueron eliminados del Monte Pelión. En épocas posteriores de Grecia fueron representados tirando del carro del dios del vino, Dionisio, o atados y montados por Eros, el dios del amor, en alusión a sus hábitos lujuriosos y de embriaguez. Su personalidad, en general, era la de seres salvajes, descontrolados y poco hospitalarios, esclavos de sus pasiones animales (vea Dionisio y Eros).

Cerbero

El cerbero era un monstruo con tres cabezas de perro y cola de serpiente; era un feroz y despiadado perro del inframundo que montaba guardia para que los vivos no entraran en la tierra de los muertos.

cíclopes

Los cíclopes eran gigantes con un solo ojo en la mitad de su frente. Eran fuertes y obstinados, y sus acciones se limitaban al uso de la violencia y el poder. Hay dos generaciones de cíclopes en el mito griego. La primera incluye a tres hermanos, Brontes, Estéropes y Arges, nacidos de la unión de Gea con Urano. Eran habilidosos artesanos del metal, pero como Urano odiaba a todos sus hijos, los tuvieron aprisionados en las profundidades de la tierra. Zeus los liberó, y los griegos les atribuyen la construcción de las inmensas fortificaciones de Tirinto y Micenas.

La segunda generación descendió de Poseidón, y eran una banda de pastores que vivían en Sicilia al margen de la ley; habían perdido la habilidad para la metalurgia y eran caníbales. En la *Odisea* de Homero, Odiseo escapó de la muerte cegando a los cíclopes.

Claros

Claros era un antiguo santuario del dios griego Apolo, cerca de Colofón en Jonia, Asia Menor (ahora Turquía). De acuerdo con la tradición, el santuario fue fundado por Manto, la hija de Tiresias, un adivino ciego de Tebas. Era un centro de profecía muy importante. De acuerdo con la leyenda, el oráculo de

Claros aconsejó a los ciudadanos que se fueran de la Antigua Esmirna a la Nueva Esmirna en el Monte Pagos, que se convirtió en una de las ciudades más prósperas de Asia.

Cocatriz

Criatura legendaria con cabeza y pies de gallo y cuerpo de dragón, nació de un huevo puesto por un gallo e incubado por un sapo o una serpiente. Está muy relacionada con un basilisco, otro monstruo con características similares a una lagartija. Ambos eran capaces de matar con una mirada, y podían petrificar a sus enemigos con sus ojos aún después de muertos. En algunos casos, las cocatrices fueron representadas con alas de dragón.

Cronos

Generalmente representados con una hoz, Cronos, o Kronos, era el Titán dios del tiempo y las eras, y gobernó el cosmos después de haber castrado y derrocado a su padre, Urano. Supo por una profecía que estaba destinado a ser vencido por sus propios hijos, así que devoró a sus primeros cinco hijos apenas nacieron, para evitar que se cumpliera. Cuando nació su sexto hijo, Zeus, su consorte, Rea, entregó a Cronos una piedra envuelta en pañales que se tragó inmediatamente, creyendo que era su hijo. Rea mantuvo a Zeus escondido en una cueva, y tres versiones de la historia dicen que fue criado por una cabra llamada Amaltea, por la ninfa Adamantea, o por su abuela, Gea. Cuando Zeus creció, usó un vomitivo para forzar a Cronos a regurgitar el contenido de su estómago, liberando así a sus hermanos (vea Hades y Poseidón). Zeus y sus hermanos y hermanas derrotaron a Cronos y a los otros Titanes. Después de su derrota Cronos se convirtió, de acuerdo con diferentes versiones de esta historia, en un prisionero del Tártaro o en el rey de la Edad Dorada.

Dédalo

Dédalo (griego: "habilidosamente forjado") era un hábil artista y artesano. Se decía que había edificado el Laberinto para el rey Minos de Creta. Dédalo había sido encarcelado por Minos, así que se fabricó alas de cera y plumas para él y para su hijo Ícaro y escapó a Sicilia. Sin embargo, Ícaro voló demasiado cerca del sol, y sus alas se derritieron; cayó al mar y se ahogó. La isla a la cual el cuerpo fue arrastrado por la corriente más tarde fue llamada Icaria.

Deméter

Deméter, hija de las deidades Cronos y Rea, era la diosa de la agricultura, quien se ocupaba de los granos y la fertilidad de la tierra. Era representada como una mujer madura, que solía usar una corona, y llevaba gavillas de trigo y una antorcha.

Dionisio

Dionisio era el dios de la vegetación, el vino y la festividad. Era el hijo de Zeus y de la mortal Sémele. Ella murió por los rayos que desprendió Zeus mientras Dionisio todavía estaba en su vientre. Fue rescatado por Zeus y nació una segunda vez después de desarrollarse en el muslo de Zeus. Fue el dios patrón del teatro griego, y sus festivales dieron auge al teatro griego. También fue conocido como Baco, e inducía al frenesí y al desorden. También lo llamaban Eleuterio, liberaba a sus seguidores de los temores e inhibiciones con vino, música y danzas extáticas.

Aunque se creía que Dionisio había descendido al inframundo para traer de vuelta a su madre, Sémele, y se lo asociaba con Perséfone en el sur de Italia, cualquier conexión original entre el dios y el inframundo parece dudosa. Dionisio, sin embargo, sí poseía el don de la profecía y en Delfos fue recibido por el sacerdocio en casi iguales términos que Apolo. Tenía un oráculo en Tracia y más tarde fue patrono del templo de la sanidad en Anficlea en Focis. Solía tomar una forma de bestial y se lo asociaba con varios animales. En el arte primitivo era representado como un hombre barbudo, pero más tarde se lo describió como joven y afeminado.

Eco

Eco era una ninfa de la montaña, u oréade, que amaba su propia voz. Zeus era conocido por sus muchos amoríos. La joven y bella Eco distraía y entretenía a su esposa Hera mientras Zeus violaba a las otras ninfas de la montaña. Para castigar a Eco, Hera la privó de su voz, excepto de la capacidad de repetir las últimas palabras de otro. El imposible amor de Eco por un hombre, que se enamoró de su propia imagen (vea Narciso), hizo que se fuera apagando hasta que lo único que quedó de ella fue su voz.

égida

De acuerdo con la mitología griega, la égida era el nombre del manto de cuero o escudo blindado que llevaba Zeus, el rey de los dioses, y más tarde su hija Atenea. Cuando Zeus lo usaba, caían rayos y sonaban truenos. De acuerdo con la tradición, la cabeza de Medusa estaba en su centro.

Equidna

Equidna (griego: "serpiente") era un monstruo hembra, dragón con cabeza y senos de mujer. Probablemente representaba o presidía la corrupción en la tierra: putrefacción, baba, aguas nauseabundas, enfermedad y dolencias. Era descrita como la consorte de Tifón, un monstruoso demonio de los huracanes y las tormentas que desafió a Zeus en el cielo. Juntos dieron a luz una serie de monstruos para plagar la tierra (vea Quimera, gorgonas, Hidra y Ladón).

Erecteón

El Erecteón es un antiguo templo construido en la Acrópolis de Atenas para albergar las antiguas estatuas de madera del culto de Atenea. Fue construido con mármol de las cercanías del Monte Pentélico, y era celebrado por su aspecto blanco y puro, de grano fino.

Eros

Eros era el dios del amor. Según escritos primitivos, había nacido de Érebos y Nyx, pero registros posteriores de la mitología dicen que es hijo de Afrodita y Ares. Se decía que era el responsable de la unión de Urano con Gea. Generalmente era representado como un joven alado que llevaba arco y flecha, que utilizaba para disparar a los corazones de los dioses o los mortales para despertar en ellos el deseo. Los romanos lo llamaron Cupido, y lo consideraban un símbolo de la vida. Un viejo cuento popular dice que Afrodita estaba celosa de una princesa mortal, Psique, y ordenó a su hijo Eros que hiciera que Psique se enamorara de la criatura más fea que hubiera en la tierra. En lugar de ello, Eros se enamoró de Psique. Cuando las celosas hermanas de Psique hicieron que ella traicionara la confianza de Eros, él quedó tan dolido que la abandonó, y ella vagó por la tierra buscando a su amor perdido. Afrodita se aplacó, y Psique se convirtió en inmortal para vivir junto a su esposo Eros.

esfinge

La esfinge es una criatura mitológica con cuerpo de león y cabeza humana, una imagen importante en el arte y la leyenda egipcios y griegos. A veces tenía patas de león, las alas de un enorme pájaro y el rostro de un ser humano. Era traicionera y despiadada. En la leyenda más famosa, se decía que la esfinge había aterrorizado a las personas demandando una respuesta a un acertijo que las Musas le habían enseñado—¿Qué es lo que tiene una sola voz pero se convierte en cuadrúpedo, bípedo y trípode?—y devoraba a cada hombre que respondía mal el acertijo. Finalmente Edipo le dio la respuesta correcta: El hombre, que gatea en cuatro patas en su infancia, camina en dos pies cuando crece y se apoya en algo cuando es anciano; inmediatamente, la esfinge se suicidó. De este relato aparentemente creció la leyenda de que la esfinge era omnisciente, y aún hoy la sabiduría de la esfinge es proverbial.

A diferencia de las esfinges griegas, las esfinges egipcias se muestran usualmente como un hombre, y se las ve como un ser benévolo, pero con una fiera fortaleza similar a la malevolente versión griega. A ambas se las ve como guardianes, a menudo flanqueando las entradas de los templos.

Febe

Febe era la diosa titánide del intelecto "brillante", hija de Urano y Gea, y esposa de Ceo. Fue la madre de Leto y abuela de Apolo y Artemisa. En la mitología posterior se la identificó con la luna, como lo fueron Artemisa y su equivalente romana, Diana.

Furias

Las Furias o Erinias eras las tres diosas del inframundo que vengaban los crímenes contra el orden natural. Una víctima que buscaba justicia invocaba la maldición de las Erinias sobre el criminal. Vivían en el inframundo donde eran las supervisoras de la tortura de los criminales que estaban en la prisión en las Mazmorras de los Condenados, y ascendían a la tierra a perseguir a los malvados. Eran mujeres feas, aladas, cuyos cabellos, brazos y caderas estaban entrelazados con serpientes venenosas.

Gea

Gea (Gaia) era la personificación de la tierra. Era la gran madre de todos. Los dioses celestiales habían nacido de su unión con Urano (el cielo), los dioses de los mares de su unión con Pontos (el mar), los Gigantes de su apareamiento con el Tártaro (infierno), y las criaturas mortales vinieron de su carne terrenal. Menos adorada en tiempos históricos, Gea era descrita como la dadora de los sueños y sustentadora de las plantas y los niños pequeños.

gorgonas

Las gorgonas eran tres hermanas que tenían el cabello de serpientes vivas y venenosas. Dos de las gorgonas, Esteno y Euríale, eran inmortales, no así la tercera (vea Medusa). Su mirada podía convertir a las personas en piedra. Se las encontró en muchos mitos griegos; se colocaban imágenes de las gorgonas en edificios para su protección. En el arte clásico primitivo las gorgonas eran representadas como criaturas femeninas aladas; su cabello era de serpientes, y tenían la cara redonda, nariz achatada, con la lengua hacia fuera y enormes dientes que las protegían. Máscaras talladas similares a la grotesca y horrible cabeza de la gorgona se utilizaban como protección contra el mal de ojo.

grifo

El grifo era una bestia con cabeza y alas de águila y cuerpo de león. Los grifos eran conocidos por cuidar tesoros y posesiones valiosas. Los grifos formaban parejas de por vida, y nunca buscaban otra compañera si su pareja moría. Se creía que las garras del grifo tenían propiedades medicinales, y sus plumas podían restaurar la vista a un ciego. Representaban la sabiduría y el poder, y se los vinculaba generalmente con la fortaleza en la guerra y por lo tanto aparecían en muchos escudos de armas de familias y ejércitos medievales.

Hades (vea también Tártaro)

Hades ("el invisible"), hijo de los titanes Cronos y Rea y hermano de las deidades Zeus y Poseidón, era el rey del inframundo. Gobernaba con su reina, Perséfone, sobre los poderes infernales y sobre la muerte, en lo que suele llamarse "la casa de Hades" o simplemente Hades. Supervisaba los juicios y el castigo de los malvados después de la muerte, pero normalmente no formaba parte de los jueces del inframundo. No torturaba a los culpables, una tarea asignada a las Furias (Erinias). Hades era representado como severo y despiadado, insensible (como la muerte misma) a la oración y el sacrificio. En la mitología romana la entrada al inframundo, localizada en el Averno, era un cráter cerca de Cumas. La palabra *hades* se utiliza en el Antiguo Testamento para traducir la palabra hebrea *seol*, que denota una oscura región de los muertos. El Tártaro, originalmente un abismo que se encontraba muy por debajo del Hades, era el lugar de castigo del bajo mundo, más tarde perdió su distinción y se convirtió casi en un sinónimo de hades.

harpías

Las harpías eran los espíritus de repentinas, cortantes ráfagas de viento. Eran conocidas como los sabuesos de Zeus, y a su orden robaban cosas y personas de la tierra. Eran despiadadas, crueles y violentas. En la leyenda de Jasón y los Argonautas fueron representadas como pájaros con rostros de mujer, horriblemente malignas y pestilentes. Las harpías siguieron siendo visibles en la Edad Media, y aparecieron en el *Infierno* de Dante.

Hefesto

Era el hijo de Zeus y Hera, el único dios físicamente feo y cojo. Habiendo nacido defectuoso, Hefesto fue arrojado del cielo porque a su madre, Hera, le repugnó, y otra vez por su padre, Zeus, después de una disputa familiar. Es el dios de los herreros, los artesanos, orfebres, escultores, de los metales, la metalurgia, el fuego y los volcanes. Hizo todas las armas de los dioses del Olimpo. También construyó autómatas de metal para que trabajaran con él. Hizo leones de oro y plata y perros en la entrada del palacio de Alción para que mordieran a cualquier invasor. Su consorte era la infiel Afrodita.

En el arte, Hefesto generalmente era representado como un hombre barbudo de mediana edad, aunque ocasionalmente se lo mostraba joven y sin barba. Generalmente usaba una túnica corta sin mangas y una gorra ceñía su cabello despeinado.

Helén

Helén era el rey de Phthia en Tesalia. Es el mítico ancestro de todos los verdaderos griegos, llamados helenos en su honor. Sus hijos, Eolo, Doro, Aqueos e Ion, fueron los progenitores de las principales tribus de Grecia.

Hércules

Hijo de Zeus, Hércules es mejor conocido como el más fuerte de todos los mortales. Tenía una madre mortal, Alcmena, y cuando la esposa de Zeus se puso celosa de Hércules, le envió dos serpientes para que lo mataran en su cuna. Fue encontrado balbuceando con una serpiente estrangulada en cada mano. Ya adulto, fue un perfecto tirador de arco y flecha, campeón de lucha y poseía fuerza sobrehumana. Libró una guerra victoriosa contra el reino de Orcómeno, en Beocia y se casó con Megara, una de las princesas reales. Pero la mató a ella y a sus hijos en un ataque de locura que le envió Hera, y como consecuencia de ello fue obligado a convertirse en el siervo del rey Euristeo, quien lo forzó a hacer una serie de tareas heroicas, que incluyeron:

1. Matar al león de Nemea, cuya piel se colocó sobre los hombros.
2. Asesinar a la Hidra de Lerna (ver Hidra).
3. Capturar al evasivo ciervo de Arcadia.
4. Capturar al salvaje jabalí del Monte Erimanto.
5. Limpiar en un solo día los establos del rey Augías de Elis.
6. Matar a los monstruosos pájaros del pantano del Estínfalo que comían hombres.
7. Capturar al toro que aterrorizaba la isla de Creta.
8. Capturar a las yeguas que comían hombres del rey Diomedes de los Bistones.
9. Robar el cinturón de Hipólita, reina de las amazonas.
10. Robar el ganado del gigante de tres cuerpos, Gerión, que gobernaba la isla de Eriteia.
11. Recuperar las manzanas de oro que custodiaba en el fin del mundo (vea Hespérides).
12. Traer del inframundo al perro de tres cabezas, Cerbero, guardián de sus puertas (ver Cerbero).

En el arte y la literatura, Hércules era representado como un hombre enormemente fuerte, de estatura moderada; un gran comedor y bebedor, muy lujurioso, generalmente amable pero con ocasionales ataques de furia brutal. Fue el único héroe que se convirtió en dios de pleno derecho después de su muerte. El modo en que Hércules era visto fue variando con el tiempo. La mitología primitiva se concentró en lo mal que se manejó a pesar de sus obvios talentos. Mitos posteriores se concentraron en sus virtudes. Los romanos lo apreciaban mucho ya que coincidía con su idea de un héroe. Finalmente tuvo un culto bastante grande en el que lo adoraban como a un dios.

herma

La *herma* griega es un objeto sagrado de piedra con cabeza y quizás torso, con una parte más baja lisa, generalmente cuadrada, con genitales masculinos. Usualmente en su parte superior se colocaba la cabeza de Hermes. Eran usados no solo como objetos de culto sino también para una variedad de otros propósitos, por ejemplo, para señalar límites. Eran muy numerosos en Atenas, donde se los colocaba fuera de las casas para la buena suerte, y se los frotaba o ungía con aceite de oliva y adornaba con guirnaldas. En tiempos posteriores, toda clase de hermas fantasiosos fueron usados como adornos, y ahora se llama herma a un poste cónico de piedra rectangular con un busto en su parte superior. Es un elemento común en la arquitectura de estilo clásico.

Hermafrodito

Hermafrodito era el dios de los hombres afeminados. Era un ser parte hombre y parte mujer, el hijo de dos sexos de Afrodita y Hermes (Venus y Mercurio). La ninfa del manantial de Salmacis de Caria, se enamoró de él y les suplicó a los dioses poder estar unida a él para siempre. El resultado fue la formación de un ser mitad hombre, mitad mujer.

Hermes

Hermes, hijo de Zeus y Maia, era el gran dios olímpico de la cría de animales, los caminos, los viajes, la hospitalidad, los heraldos, la diplomacia, el comercio, el robo, el lenguaje, la escritura, la persuasión, las artimañas astutas, los concursos deportivos, los gimnasios, la astronomía y la astrología. Se lo representaba ya fuera como un joven buen mozo sin barba o un hombre mayor con barba. Generalmente se lo representaba con el bastón del heraldo, que consistía en dos serpientes enrolladas alrededor de su bastón alado (vea caduceo). Era descrito como el autor de hechos ingeniosos o engañosos y como un benefactor de los mortales. Llevaba las almas de los muertos al Hades, y dirigía los sueños enviados por Zeus a los mortales. Algunos de los mitos más famosos sobre Hermes incluyen:

- El robo del ganado de Apolo, que realizó cuando era un bebé en su cuna.
- La transformación del soplón Bato en piedra.
- La muerte del guardián de cien ojos de la ninfa Ío
- Ayudó a Perseo en su búsqueda para matar a Medusa
- La seducción de Khione la misma noche que mató a su hermano Apolon.
- Ayudó a Odiseo en su encuentro con la hechicera Circe

Las cosas sagradas para él incluían la palmera datilera, la tortuga, el número cuatro y varias clases de peces. Era representado en las puertas, quizás como un amuleto de buena suerte, o como un símbolo de purificación.

Hespérides

Las Hespérides eran las diosas del atardecer y la luz dorada del crepúsculo. Cuidaban el árbol de las manzanas de oro que Gea le había dado a Hera en su casamiento con Zeus. Eran ayudadas en su tarea por un dragón de cien cabezas (vea Ladón). También se les había encargado que custodiaran los tesoros de los dioses. Una de las tareas asignadas a Hércules fue robar las manzanas de oro, que eran custodiadas en el jardín del extremo norte del mundo. Hércules no sabía dónde estaba el jardín, y viajó por Libia, Egipto, Arabia y Asia en su busca. Entabló varias batallas con otros dioses en el camino. También liberó a Prometeo de su encarcelamiento de treinta años donde cada día el águila le comía el hígado, que le crecía nuevamente al día siguiente para que el águila lo siguiera torturando. Hércules mató al águila, y en agradecimiento Prometeo le dijo el secreto para obtener las manzanas: enviar a Atlas por ellas en lugar de ir él mismo. Una vez que Atlas regresó con las manzanas, Hércules se las llevó a Euristeo. Como pertenecían a los dioses, las manzanas no podían quedar en poder de Euristeo, así que Hércules las devolvió a Atenea, quien las llevó de nuevo al jardín del extremo norte del mundo.

Hidra

La Hidra era un monstruo de muchas cabezas (el número varía) asesinado por Hércules. La Hidra vivía en los pantanos, cerca de la antigua ciudad de Lerna en la Argólida. Cuando emergía del pantano atacaba a los rebaños de ganado y a los pobladores locales, y los devoraba con sus múltiples cabezas. El hedor del aliento de la Hidra era suficiente para matar a un hombre o a una bestia. Cuando Hércules enfrentó a la bestia, pronto advirtió que cuando le cortaba cada cabeza, le crecía otra instantáneamente. Llamó a su auriga, Yolao, para que cauterizara las heridas abiertas con una antorcha y evitar así que le volvieran a crecer las cabezas. Hércules aplastó la última cabeza con un palo, la arrancó con sus propias manos, y la enterró en lo profundo de la tierra. Mojó la punta de sus flechas en la sangre de la Hidra, haciéndolas mortales.

Horas

Las Horas eran las diosas de las estaciones y las porciones naturales de tiempo. Presidían las revoluciones de las constelaciones celestes por las cuales se medía el año. Custodiaban las puertas del Olimpo y eran honradas por los agricultores que plantaban y cuidaban sus cosechas de acuerdo con la salida y la puesta de las estrellas. Según Hesíodo, las Horas eran hijas de Zeus, el rey de los dioses, y de Temis, una titánide, y sus nombres eran Eunomia, Dice y Eirene, es decir buen orden, justicia y paz, lo que indica la extensión de sus funciones de la naturaleza a sucesos de la vida humana. Nono menciona un grupo de cuatro Horas: Eiar (primavera), Theros (verano), Phthinoporon (otoño) y Cheimon (invierno). En otros escritos las Horas se dividen en doce, personificando las doce horas del día. En las obras de arte, las Horas fueron representadas como doncellas florecientes, que llevaban diferentes productos de las estaciones.

Iris

Iris era la diosa del arco iris y una mensajera de los dioses. De acuerdo con el poeta griego Hesíodo, era la hija de Taumante y de la ninfa del océano Electra. Se creía que reabastecía a las nubes con agua del mar. Unía a los dioses con la humanidad, viajando con la velocidad del viento de un punto de la tierra al otro, y a las profundidades del mar y del inframundo. Era representada ya fuera como el arco iris o como una joven doncella con alas en sus hombros.

Ixión

Ixión era el rey de los lápitas en Tesalia, un ser completamente malo. Se casó con Dia, una de las hijas de Deyoneo, pero en lugar de pagarle el precio justo por la novia, asesinó a su suegro. Las princesas que lo rodeaban estaban tan ofendidas por este acto de traición que se negaron a purificarlo, pero Zeus sí lo hizo y lo admitió como invitado en el Olimpo. Ixión abusó de su perdón al tratar de seducir a la esposa de Zeus, Hera. Zeus la reemplazó con una nube, por lo cual Ixión se convirtió en el padre de los Centauros. Para castigarlo, Zeus lo ató a una rueda ardiente que daba vueltas sin cesar por el aire o, de acuerdo con otra tradición, lo envió al inframundo.

Una posible explicación de este mito lo conecta con la antigua práctica de llevar una rueda giratoria en llamas a través de los campos que necesitan el calor del sol; por lo tanto la leyenda puede haberse inventado para explicar esta costumbre.

Jacinto

Jacinto era un guapo joven príncipe espartano amado por los dioses Apolo y Céfiro. En algunos mitos Apolo lo mató accidentalmente mientras le enseñaba a lanzar el disco; otros cuentan que Céfiro (o Bóreas) desvió por celos el disco para que golpeara en la cabeza a Jacinto y lo matara. El joven moribundo se transformó en una flor de jacinto (*hyakinthos* en griego).

Ladón era un dragón tipo serpiente con muchas cabezas (alrededor de cien). Estaba encargado de custodiar las manzanas de oro de las Hespérides. En muchas historias Ladón cae de un flechazo hecho por Hércules. El dragón luego se convirtió en la constelación Draco.

mal de ojo

El mal de ojo es la mirada malévola que muchas culturas creen que causa daño o desgracia a la persona a quien se dirige. La creencia en el mal de ojo es antigua y se la puede encontrar en muchas culturas, incluyendo la antigua Grecia y Roma; en tradiciones del judaísmo, el islamismo, el budismo, el hinduismo y en culturas folclóricas y sociedades preliterarias; ha persistido a lo largo del mundo en tiempos modernos. La creencia en el mal de ojo es más fuerte en el Oriente Medio, América Latina, el este y oeste de África y la región del Mediterráneo.

Las medidas que se toman para protegerse del mal de ojo pueden variar entre las culturas. Por ejemplo, algunas autoridades sugieren que el propósito del ritual de travestismo —una práctica que se ha observado en ceremonias matrimoniales en algunas partes de la India—, es para evitar el mal de ojo. Los niños asiáticos a veces se oscurecen el rostro, especialmente cerca de los ojos, para protegerse. Entre algunos pueblos asiáticos y africanos se teme particularmente al mal de ojo mientras se está comiendo y bebiendo porque creen que el alma está más vulnerable cuando la boca está abierta; por consiguiente, la ingestión de sustancias es una actividad solitaria o tiene lugar solo con la familia más inmediata y a puertas cerradas. Otras formas de protección, comunes a muchas tradiciones, incluyen la utilización de textos sagrados, amuletos, colgantes y talismanes (que también puede colgarse en animales para protegerlos); ciertos gestos y la exhibición de dibujos u objetos rituales.

Mantícora

La Mantícora, era temible a la vista, con cuerpo de león, cola de escorpión venenoso y cabeza de humano. Era conocido por devorar a su presa entera; sin dejar rastro alguno de su existencia. Su forma preferida de atraer a sus presas era esconderse en su cuerpo rojo de león en el alto césped de manera que a la distancia los humanos solo pudieran ver la cabeza de un hombre. Los mitos sobre la Mantícora se encontraron a lo largo de varios siglos. Finalmente se extendieron hasta la India, donde se volvió una leyenda popular y un augurio de mala suerte e infortunio.

Medusa

Medusa era la más famosa de las monstruosas figuras conocidas como gorgonas (vea gorgonas). Medusa a veces era representada como muy bella. Comenzó su vida como una muchacha hermosa, volviendo celosa a Atenea. Después que Poseidón sedujo a la muchacha en uno de los templos de Atenea, esta la convirtió en una gorgona. Más tarde Atenea ayudó a Perseo a cazarla y a matarla cortándole la cabeza. Sus dos hijos de Poseidón, Pegaso y Crisaor, brotaron de la sangre que salió de su cuello. La cabeza dañada, que tenía el poder de convertir en piedra a quien la mirase, fue entregada a Atenea, quien la colocó en su escudo; de acuerdo con el relato, Perseo la enterró en el mercado de Argos.

Minos

Minos era un legendario gobernante de Creta; era hijo de Zeus, y de Europa, una personificación del continente homónimo. Cuando fue desafiado a probar su derecho al trono, les pidió a los dioses que le enviaran una señal. Los dioses hicieron que un hermoso toro blanco emergiera del mar. Minos decidió no ofrecer el toro en sacrificio, como se esperaba que hiciera. En cambio, lo sustituyó por otro toro de su manada. Esto desagradó tanto al dios del mar, Poseidón, que hizo que la esposa de Minos, Pasifae, se enamorara del toro del mar (vea Minotauro).

En el drama ateniense y en la leyenda, Minos se convirtió en un tirano demandante de tributos de niños para alimentar al Minotauro. Minos fue asesinado en Sicilia por las hijas del rey Cócal, quienes vertieron agua hirviendo sobre él cuando estaba tomando un baño. Después de su muerte se convirtió en un juez del inframundo (vea también Tártaro).

Minotauro

El Minotauro era el fabuloso monstruo de Creta que tenía cuerpo de hombre y cabeza de toro. Era hijo de Pasifae, la esposa de Minos, y del toro blanco como la nieve enviado a Minos por el dios Poseidón para sacrificio. Minos, en lugar de sacrificarlo, lo mantuvo con vida; Poseidón, como castigo, hizo que Pasifae se enamorara de él. El hijo que tuvo del toro, el Minotauro, fue encerrado en el laberinto creado por Minos en Dédalo. Se le ofrecía un sacrificio habitual de siete hombres y siete doncellas atenienses para satisfacer su hambre caníbal. Cuando llegó el tercer turno del sacrificio, el héroe ateniense Teseo se ofreció a ir, y con la ayuda de Ariadna, hija de Minos y Pasifae, mató al monstruo.

Mnemósine

Mnemósine era la diosa de la memoria y los recuerdos y la inventora del lenguaje y las palabras. Era hija de Urano y de Gea, y de acuerdo a Hesíodo, la madre (mediante Zeus) de las nueve Musas. Presidía el oráculo subterráneo de Trofonio en Beocia.

Musas

Las Musas (*mousai*) eran las diosas de la música, la canción, la danza y la fuente de inspiración de los poetas. En la antigua Grecia pintaban las Musas en los jarrones y las mostraban como mujeres jóvenes con una variedad de instrumentos musicales. Eran las nueve hijas de Zeus y Mnemósine. Se sabe muy poco de su culto, pero tenían un festival cada cuatro años en Tespia, cerca de Helicon, y un concurso (Museia), presumiblemente —o al menos al principio— de canto e interpretación de instrumentos. Es probable que originalmente fueran las diosas patronas de los poetas (que en tiempos primitivos eran músicos, que llevaban su propio acompañamiento), a pesar de que más tarde su alcance se extendió e incluyó todas las artes liberales y las ciencias. Las Musas, todas juntas, forman un cuadro completo de los temas propios de la poesía, y en escritos posteriores a cada musa se le asignó una rama específica del arte. Incluían:

1. Calíope: Musa de la poesía heroica o épica (a menudo sostenía una tabla para escribir).
2. Clío: Musa de la poesía histórica (solía sostener rollos).
3. Erato: Musa de la lírica y la poesía amorosa (frecuentemente tocando la lira).
4. Euterpe: Musa de la canción y la poesía elegíaca (generalmente tocando la flauta).
5. Melpómene: Musa de la tragedia (solía sostener una máscara trágica).
6. Polimnia: Musa de la poesía sagrada o himnos (se la solía mostrar con un velo).
7. Terpsícore: Musa de la danza y la canción coral (con frecuencia era mostrada bailando y sosteniendo una lira).
8. Talía: Musa de la comedia (solía sostener una máscara cómica).
9. Urania: Musa de la astronomía (generalmente sostenía un globo terráqueo y una brújula).

Las musas han aparecido en múltiples obras de ficción modernas. Son la inspiración de las cofradías y los desfiles de mujeres de Mardi Gras en New Orleans, los jueves anteriores al Mardi Gras.

Narciso

Narciso era un joven del pueblo de Tespia en Beocia, hijo del dios del río Cefiso y de la ninfa Liríope. Era famoso por su belleza y atraía a muchos admiradores, pero a todos los rechazaba.

Su madre le había dicho que tendría una larga vida, siempre y cuando nunca mirara sus propios rasgos. Su rechazo, sin embargo, al amor de Eco, que se desvaneció por la desesperación no dejando atrás nada sino su voz, y el rechazo a Amenillas, que se suicidó y llamó a la diosa Némesis para que vengara su muerte, trajeron sobre él una maldición mortal. Se enamoró de su propio reflejo en las aguas de un manantial y se consumió (o se mató). La flor de narciso (narciso) nació donde él murió. En psiquiatría y especialmente en términos de psicoanálisis, el *narcisismo* denota un excesivo grado de autoestima y egocentrismo, un estado que generalmente es una forma de inmadurez emocional.

Náyade

Las Náyades eran las ninfas de agua dulce que habitaban los ríos, arroyos, lagos, pantanos, fuentes y manantiales de la tierra. Fueron invitadas a participar de las asambleas de los dioses del Monte Olimpo. Eran representadas como hermosas, alegres y amables. No eran inmortales, pero sí extremadamente longevas.

Nereida

Las Nereidas eran las ninfas del mar, hijas (en número de cincuenta o cien) del dios del mar Nereo (el hijo mayor de Pontus, una personificación del mar) y de Doris, la hija de Océano (el dios del agua que circunda la tierra plana). Ellos eran los patronos de los marinos y los pescadores, y acudían en ayuda de los hombres en dificultades.

Las Nereidas eran representadas como muchachas que habitaban en el agua, salada o dulce, y eran benévolas con la humanidad. Tetis, esposa de Peleo (rey de las Mirmidones) y madre del héroe Aquiles, era su líder extraoficial. La más conocida de las Nereidas era Anfítrite, consorte de Poseidón.

Nereo

Nereo era el viejo hombre del mar y dios de la rica generosidad de peces del mar. Era un maestro en cambiar su voz y hablaba con voz profética. Las Nereidas (ninfas del agua) eran hijas suyas y de Doris, y vivía con ellos en las profundidades del mar. El héroe griego Hércules, en su búsqueda de las manzanas de oro de las Hespérides, obtuvo instrucciones de Nereo luchando con él. Nereo era conocido por su veracidad y su virtud.

Nix

Nix era la diosa de la noche. De acuerdo con una tradición, era la hija de Caos y madre de numerosos poderes primordiales, incluyendo los tres destinos: el sueño, la discordia y la muerte. No aparece a menudo en los mitos griegos, pero se la mostró como una figura de excepcional poder y belleza. Se la encuentra en las sombras del mundo, y solo se la puede ver fugazmente.

Océano

Océano era el Titán dios del río Océano que rodeaba toda la tierra, la fuente de toda el agua dulce de la tierra. Océano era hijo de Urano y Gea, y esposo de la titánide Tetis, y padre de tres mil Oceánides y tres mil ninfas del mar.

Orión

Orión era el apuesto gigante dotado con la capacidad de caminar sobre el agua por su padre, Poseidón. La historia de Orión tiene muchas versiones diferentes. Sirvió durante algún tiempo al rey Enopión de Quíos como cazador, pero fue cegado y exiliado de la isla después de haber violado a la hija del rey,

Mérope. Su visión fue restaurada por los rayos del sol naciente. Se dice que Orión se fue a Creta a vivir con la diosa Artemisa como cazador. Murió mientras se encontraba a su servicio y fue colocado entre las estrellas como la constelación Orión, y puede ser identificado (un tanto caprichosamente) por su garrote, la piel de león, la faja (o cinto) y la espada.

Pan

Pan era el dios de los pastores, el ganado, las montañas silvestres, la caza y la música rústica. Vagaba por las colinas y montañas de Arcadia tocando su flauta y persiguiendo ninfas. Pan generalmente era representado como una figura vigorosa y lujuriosa, con cuernos, patas y orejas de cabra; en el arte posterior las partes humanas de su forma estuvieron mucho más enfatizadas. Rondaba por lo alto de las montañas, y sus principales preocupaciones concernían a las manadas y los rebaños, no a la agricultura; por lo tanto, podía hacer que tanto los seres humanos como el ganado salieran aterrorizados en estampida. Como pastor, era flautista y descansaba al mediodía.

La conquista más importante de Pan fue la de la diosa de la luna, Selene. Se envolvió en piel de oveja para esconder su velluda forma de cabra negra y la atrajo desde el cielo hacia el bosque para seducirla. El culto a Pan comenzó en Arcadia, que siempre fue su principal lugar de adoración. No era adorado en el templo, sino en sitios naturales, generalmente cavernas o grutas como la de la ladera norte de la Acrópolis de Atenas.

Panatenea

Este era un antiguo festival ateniense que se realizaba cada año. Más tarde se comenzó a celebrar cada cuatro años con gran esplendor, probablemente para competir de modo deliberado con los Juegos Olímpicos. Después de la presentación de una nueva túnica bordada a Atenea, se ofrecían sacrificios de varios animales. La gran procesión, hecha de los héroes de Maratón, es el tema del friso del Partenón. El estadista ateniense

Pericles (495—429 a. C.) introdujo un concurso musical habitual en lugar del recitado de rapsodias (porciones de poemas épicos), que acompañaron al festival durante mucho tiempo. El concurso se llevaba a cabo en el Odeón, construido originalmente por el mismo Pericles con ese propósito.

Partenón

El Partenón era el principal templo de la diosa Atenea en la colina de la Acrópolis de Atenas, Grecia. Fue construido a mediados del siglo V a. C. de mármol y oro y esculpido por el famoso Fidias. Como la mayoría de los templos griegos, era utilizado como si fuese un tesoro. En el siglo quinto el Partenón fue convertido en una iglesia cristiana dedicada a la virgen María. Después de la conquista del Imperio otomano se convirtió en una mezquita. En 1687 las municiones otomanas arrojadas dentro del edificio se prendieron fuego y la explosión resultante causó severos daños al Partenón y a sus esculturas. En 1806 algunas esculturas que sobrevivieron fueron removidas con el permiso del Imperio otomano y vendidas al Museo Británico. Desde 1983 el gobierno griego se ha comprometido a lograr el retorno de las esculturas a Grecia.

Pegaso

Pegaso era un inmortal caballo alado que nació del chorro de sangre que brotó de la Gorgona Medusa cuando el héroe Perseo le cortó la cabeza. Pegaso fue domesticado por Belerofonte, quien lo montó en batalla contra el monstruo Quimera, que echaba fuego por la boca. Cuando el héroe intentó volar al cielo, los dioses hicieron que el caballo se sacudiera y lo arrojara de vuelta a la tierra. Pegaso voló hasta el cielo donde ocupó un lugar en los establos de Zeus. El caballo fue colocado entre las estrellas como una constelación cuya salida marca la llegada del clima cálido de primavera y las tormentas de esa temporada. A menudo lo llamaban el portador de rayos de Zeus. La historia de Pegaso era un tema favorito del arte y la literatura griegos, y posteriormente su vuelo fue interpretado como una alegoría de la inmortalidad del alma. En tiempos modernos se lo ha tomado como un símbolo de la inspiración poética.

Pitón

Pitón era una enorme serpiente designada por Gea para custodiar el oráculo de Delfos. Se decía a veces que la bestia había nacido del fango podrido que había quedado después de la gran inundación. Fue asesinado por el dios Apolo en Delfos ya fuera porque no le dejaba encontrar el oráculo o porque había perseguido a la madre de Apolo, Leto, durante su embarazo. Pitón a veces era descrita como Equidna, una mujer con cabeza de serpiente. Los juegos píticos que se realizaban en Delfos se supone que fueron instituidos por Apolo para celebrar su victoria sobre Pitón.

Políxena

Políxena era hija de Príamo, rey de Troya, y de su esposa, Hécuba. Después de la caída de Troya, el fantasma de Aquiles se les apareció a los griegos exigiendo que ella le fuera sacrificada. El hijo de Aquiles, Neoptólemo la sacrificó en la tumba de su padre. En tiempos posclásicos la historia fue elaborada para incluir una relación amorosa entre Políxena y Aquiles antes de su muerte.

Poseidón

Era el gran Dios olímpico del mar, los ríos, las inundaciones, las sequías, los terremotos y los caballos. Era representado como un hombre maduro de complexión robusta, con barba oscura que sostenía un tridente.

Según la tradición, era hijo de Cronos, y Rea, y fue hermano de Zeus, el principal Dios, y de Hades, dios del inframundo. Cuando los tres hermanos derrocaron a su padre, el reino del mar le tocó, por sorteo, a Poseidón. Fue el padre del caballo Pegaso, a través de Medusa. La mayoría de los estudiosos están de acuerdo en que Poseidón fue llevado a Grecia por los primeros helenos, que también introdujeron los primeros caballos al país. Aunque Poseidón perdió el concurso por la soberanía sobre Ática con la diosa Atenea, era alabado allí, particularmente en Colonos, como hippios ("de los caballos"). En otros lugares se lo asociaba con manantiales de agua dulce. Poseidón fue el padre de Pelias y Neleo a través de Tiro, la hija de Salmoneo, y por consiguiente se convirtió en el ancestro divino de las familias reales de Tesalia y Mesenia. Aparte de ellos, sus descendientes fueron en su mayoría criaturas gigantescas y salvajes, como Orión, Anteo y Polifemo. El punto de vista general sobre su carácter es que era violenta. El principal festival en honor a Poseidón eran los juegos Ístmicos, escena de los famosos concursos atléticos celebrados en años alternos cerca del istmo de Corinto. Su personalidad como un dios del mar se convirtió en lo más prominente del arte, y era representado con los atributos del tridente, el delfín y el atún. Los romanos, ignorando sus otros aspectos, lo identificaban como el dios del mar con Neptuno.

propileos

Los propileos eran portales monumentales que servían como entradas. El propileo más famoso es el que fue diseñado por Mnesicles como el gran hall de entrada de la Acrópolis ateniense (comenzó en el 437 a. C.).

Quimera

En la mitología griega, la Quimera era un monstruo hembra que vomitaba fuego; por delante parecía un león y por detrás un dragón. Asoló Caria y Licia hasta que fue asesinada por Beleforonte. En arte la Quimera solía ser representada como un león con una cabeza de cabra en la mitad de su espalda. La Quimera, o chimère, en arquitectura, es en general el término usado para cualquier cosa grotesca, fantástica o imaginativa usada en decoración.

Quirón

En la mitología griega Quirón era el más viejo y más sabio de los centauros, una tribu de seres mitad hombre-mitad caballo. A diferencia de los otros, él era un dios inmortal. Quirón vivió al pie del Monte Pelión en Tesalia y fue famoso por su sabiduría y conocimiento de medicina. Enseñó a muchos héroes famosos, incluyendo a Hércules, Aquiles, Jasón, y Asclepio. Fue accidentalmente atravesado por una flecha envenenada que arrojó Hércules, renunció a su inmortalidad a favor de Prometeo y fue colocado entre las estrellas de la constelación de Sagitario.

Rea

Rea, una titánide, era madre de los dioses y una diosa de la fertilidad femenina, la maternidad y la generación. Como esposa de Cronos, representaba el eterno fluir del tiempo. También era diosa de la comodidad y el descanso.

sátiros y silenos

Los sátiros eran criaturas masculinas que habitaban los bosques y las selvas en la mitología griega. Están estrechamente relacionados con el dios Dionisio. En los mitos de la antigua Grecia los sátiros aparecían generalmente con patas de cabra y tenían apetitos lascivos e insaciables deseos de compañía femenina. Se habían ganado una reputación de ser muy atrevidos que ha sido legendaria a través de los siglos.

Los sátiros solían ser confundidos con los silenos, que son otro tipo de seres mitológicos. El sileno a veces tenía orejas y cola de caballo. Las dos clases de criaturas podían ser distinguidas principalmente por su edad: los sátiros eran eternamente jóvenes y el sileno generalmente era representado como un hombre mayor, de apariencia más madura.

En escritos posteriores las únicas referencias fueron a un individuo llamado Sileno, el maestro y fiel compañero del dios del vino, Dionisio. Sileno era descrito como el mayor, más sabio y más borracho de los seguidores de Dionisio, y tutor de los dioses jóvenes. Se decía que al estar borracho, Sileno poseía un conocimiento especial y el poder de profecía. El rey Midas de Frigia quería aprender de Sileno y lo capturó mientras dormía una borrachera en su fuente favorita.

Tártaro (vea también Hades)

El Tártaro era el gran abismo situado debajo de la tierra. Por encima vivían los dioses y los hombres, y por debajo estaba la sombría prisión, azotada por las tormentas, de los Titanes. El Tártaro estaba asegurado con muros de bronce con un par de entradas, custodiadas por los gigantes Hecatónquiros, con cien brazos, guardianes de los Titanes.

La principal deidad del infierno era Hades, una figura que a diferencia de Gea y Urano, que aparecían prominentemente en la mitología y era puramente elemental. Tártaro era el abismo, más que simplemente el dios de ese lugar. En los primeros escritos el Tártaro era usado solo para confinar a los que eran peligrosos para los dioses. En mitologías posteriores, el Tártaro se convirtió en el lugar donde el castigo se ajustaba al crimen.

En algunos relatos, el Tártaro fue uno de los elementos que personificaron al mundo, junto con Gea y otros. De acuerdo con esos relatos, Tártaro y Gea produjeron al monstruo Tifón.

Temis

Temis es Titánide, descrita como la personificación de la justicia, diosa de la sabiduría y el buen consejo, y quien interpretaba la voluntad de los dioses. De acuerdo con algunas fuentes, era hija de Urano y de Gea, aunque en ocasiones era identificada con Gea. Fue la segunda consorte de Zeus y con él fue madre de las Horas, las Moiras y, de acuerdo con algunas tradiciones, de las Hespérides. En el Olimpo Temis mantenía el orden y supervisaba el ceremonial. Era una dadora de oráculos, y una leyenda cuenta que una vez ella tuvo en su poder el oráculo de Delfos pero que más tarde se lo entregó a Apolo. El culto a Temis era muy generalizado en Grecia. Solía ser representada como una mujer de sobria apariencia que llevaba una balanza.

Tifón

Tifón (o Tifeo) era una gigante y monstruosa tormenta inmortal derrotada y echada en el abismo del Tártaro por Zeus. Era tan inmensa que se decía que su cabeza cepillaba las estrellas. Tenía dos serpientes enroscadas en lugar de piernas y en lugar de dedos había cien cabezas de serpientes, cincuenta en cada mano. Entre los hijos que tuvo con su esposa, Equidna, estaban Cerbero, la Hidra de Lerna y Quimera. También fue el padre de peligrosos vientos (tifones) y en escritos posteriores fue identificado con el dios egipcio Set.

Titán

Los Titanes eran los hijos de Urano y Gea y sus descendientes. Hubo doce Titanes originales: Los hermanos Océano, Ceo, Crío, Hiperión, Jápeto, y Cronos; y sus hermanas Tea, Rea, Temis, Mnemósine, Febe y Tetis. Instigados por su madre, Gea, los Titanes se rebelaron contra su padre, quien los había encerrado en el inframundo. Liderados por Cronos, depusieron a Urano e hicieron de Cronos su gobernante. Pero uno de los hijos de Cronos, Zeus, se rebeló contra su padre y sobrevino una lucha entre ellos en la que la mayoría de los Titanes se puso del lado de Cronos. Zeus y sus hermanos y hermanas finalmente derrotaron a los Titanes después de diez años de feroces batallas (la Titanomaquia). Los Titanes fueron echados por Zeus y encarcelados en una cavidad debajo del Tártaro.

Tritón

Tritón era un dios del mar con cola de pez, hijo del dios del mar Poseidón y de su esposa, Anfítrite. Era descrito como el dios de Tritonis, el lago salado de Libia. Tritón llevaba una caracola que tocaba como una trompeta para calmar o elevar las olas. De acuerdo con el poeta griego Hesíodo, Tritón moraba con sus padres en un palacio dorado de las profundidades del mar. Era el padre de Palas y padre de crianza de la diosa Atenea. Con el tiempo, la imagen de Tritón llegó a asociarse con una clase de criaturas similares a las sirenas, los Tritones, que podían ser femeninas o masculinas, y eran una raza de dioses y diosas del mar nacidas de Tritón.

Urano

Urano era el Dios primordial del cielo, la personificación del cielo. Urano (cielo) y Gea (tierra) engendraron doce hijos y seis hijas. Urano odiaba a todos sus hijos y los escondió en el cuerpo de Gea. Ella talló una hoz de pedernal y apeló a la ayuda a sus hijos para vengarse, pero solo Cronos (un Titán) respondió. Él emboscó a su padre y lo castró con la hoz y arrojó los testículos cortados al mar. De las gotas de sangre de Urano que cayeron sobre Gea nacieron las Furias, los Gigantes y las Melíades (ninfas de los fresnos). Los genitales cortados flotaron en el mar produciendo una espuma de la que nació la diosa del amor, Afrodita. Cronos mediante esta acción había separado el cielo y la tierra. El cielo ya no venía a cubrir la tierra por la noche.

Zeus

Zeus era el rey de los dioses, la deidad gobernante del panteón, del cielo y del clima, que fue identificado con el dios romano Júpiter. Zeus era visto como el que enviaba los truenos y los rayos, la lluvia y los vientos, y su arma tradicional era el rayo. Era llamado el padre (es decir el gobernante y protector) tanto de los dioses como de los hombres. Después que Rea lo salvó de ser tragado por Cronos—su padre—fue criado por la ninfa (o cabra) Amaltea y custodiado por los Curetes (jóvenes guerreros), que hacían sonar sus armas para ocultar el llanto del bebé. Cuando Zeus llegó a la adultez, lideró una revuelta contra los Titanes y tuvo éxito en destronar a Cronos, quizás con la ayuda de sus hermanos Hades y Poseidón, con quienes luego se dividió el dominio del mundo.

Se creía que Zeus, desde su exaltada posición en la cima del Monte Olimpo, observaba omniscientemente los asuntos de los hombres, viendo todo, gobernando todo, y recompensaba la buena conducta y castigaba la mala. Además de administrar justicia, Zeus era el protector de las ciudades, los hogares, la propiedad, los extranjeros, los huéspedes y los suplicantes. Zeus era bien conocido por sus amoríos —una fuente de perpetua discordia con su esposa Hera— y tuvo muchos romances con mujeres tanto mortales como inmortales. Para lograr sus lujuriosos propósitos, Zeus frecuentemente adoptaba formas animales, como la de un cuco cuando violó a Hera, un cisne cuando violó a Leda y un toro cuando secuestró a Europa.

Se distingue entre su descendencia a los gemelos Apolo y Artemisa, hijos de la titánide Leto; Helena y los Dióscuros, de Leda de Esparta; Perséfone, de la diosa Deméter; Atenea, nacida de su cabeza después que él tragó a la titánide Metis; Hefesto, Hebe, Ares e Ilitía de su esposa, Hera; Dionisio de la diosa Sémele y muchos otros.

Aunque los religiosos griegos de todos lados lo consideraban como omnipotente y jefe del panteón, la universalidad de Zeus tendía a reducir su importancia en comparación con divinidades locales, tales como Atenea y Hera. A pesar de que las estatuas de Zeus Herkeios (guardián de la casa) y los altares a Zeus Xenios (hospitalidad) adornaban las entradas de las casas, y a pesar de que sus santuarios en las cimas de las montañas eran visitados por los peregrinos, Zeus no tuvo un templo en Atenas hasta el final del siglo sexto a. C., y hasta su templo en Olimpia fue posterior al de Hera. En el arte, Zeus era representado como un hombre con barba, majestuoso y maduro, de contextura robusta; sus símbolos más prominentes eran el rayo y el águila.

CAPÍTULO 7

Mitología romana

Diana

Diana era la diosa de los animales salvajes y de la caza. Está íntimamente asociada con la diosa griega Artemisa. Más tarde evolucionó en una diosa lunar. Era una cazadora, guardiana del bosque y de los animales que allí residían. Luego fue conocida como protectora de las mujeres durante su labor de parto. Como diosa de la caza, Diana solía llevar una túnica corta y botas de caza.

Diana era una hija de Júpiter y su hermano gemelo era Apolo. Ella era una de las tres diosas solteras que juraron que jamás se casarían (ver también Minerva). El culto a Diana se volvió popular en el imperio romano, tanto entre la nobleza como en las clases más bajas. Ella dio refugio en sus templos a los esclavos y a las mujeres que anhelaban concebir bebés sanos. Era eternamente joven y bella, pero se la conocía por su mal genio. Frecuentemente era representada con arco y flechas, y mostrada con un ciervo o con perros de caza. Su templo en Éfeso fue una de las maravillas del mundo. Era adorada con un festival el 13 de agosto (los Idus de agosto), que se convirtió en un día festivo para los esclavos. En la actualidad hay una rama de la Wicca que lleva su nombre, y que se caracteriza por concentrarse exclusivamente en el aspecto femenino de la divinidad.

Egeria

Egeria es una ninfa espiritual del agua de origen incierto a quien se asocia con Diana en bosques sagrados como el sitio de Nemi, en Aricia. Fue más conocida por su relación con Numa Pompilius, rey de Roma. Ella sirvió al rey como consejera y guía en el establecimiento de las primeras leyes y rituales de Roma. Se encontró con él en los bosques de Roma, y le dio sabiduría y profecía a cambio de agua o leche. Tradicionalmente se la conocía también como su esposa o amante. Cuando el rey Numa murió en el 673 a. C. de edad madura, Egeria se transformó en un manantial, un sitio de inspiración y profecía en escritos antiguos.

Fauno

Fauno era el Dios de la naturaleza salvaje y la fertilidad, y también se lo conocía por ser un dador de oráculos. En mitos posteriores se lo identifica con el Dios griego Pan, y asume las características de cuernos y pezuñas. Al principio Fauno era adorado en el campo por otorgar fertilidad a las cosechas y el ganado. Con el tiempo se convirtió en una deidad del bosque, y se consideraba que los sonidos de la foresta eran su voz. Fue adorado en todo el Imperio romano durante muchos siglos. Se celebraban en su honor dos festivales, llamados Faunalia, en los que los campesinos llevaban ofrendas rurales y se divertían con bailes.

Fides

Fides era una diosa romana, la deidad de la buena fe y la honestidad. En su templo del Capitolio era donde el senado romano firmaba y guardaba los tratados con países extranjeros, y donde Fides los protegía. Era representada como una mujer joven coronada con una rama de olivo, con una copa o una tortuga o una insignia militar en su mano. Usaba un velo o estola blanco, mostrando así su conexión con los dioses más altos del cielo, Júpiter y Dius Fidius. Fides fue honrada con un templo que se edificó cerca del de Júpiter, sobre la colina del Capitolio en el 254 a. C. Como reconocimiento simbólico a la confianza inviolable y secreta que había entre los mortales y los dioses, los visitantes le presentaban ofrendas sacrificiales con las manos cubiertas.

Júpiter

Júpiter es el principal dios del panteón, un dios de la luz y del cielo, protector del estado y de sus leyes. Es hijo de Saturno y hermano de Neptuno y de Juno (que también es su esposa). Los romanos utilizaban el nombre Jupiter Optimus Maximus (el mejor y más grande) cuando lo adoraban, haciendo referencia tanto a su soberanía sobre el universo como a su función como dios del estado. Como dios del estado, Júpiter administraba leyes, controlaba el reino y daba a conocer su voluntad mediante oráculos.

Tenía un templo en el Capitolio junto con Juno y Minerva, pero él era la deidad principal. Otros títulos incluían Lucetius (dador de luz), Caelestis (celestial), y Totans (tonante). Condujo al ejército romano a la victoria como Júpiter Víctor. Como Júpiter Elicius envió lluvia durante un tiempo de sequía; como Júpiter Fulgur tenía un altar en el Campus Martius. Todos los lugares que eran golpeados por un rayo se convertían en su propiedad y eran guardados de ser profanados mediante una pared circular.

Era adorado en toda Italia en las cimas de las colinas; así, sobre las Colinas Albanas al sur de Roma, está el antiguo asiento de su adoración como Jupiter Latiaris, que era el centro de la liga de treinta ciudades latinas de la cual Roma era originalmente miembro ordinario. Sobre la colina del Capitolio, estaba su templo más antiguo; aquí había una tradición de su árbol sagrado, el roble, común en la adoración tanto de Zeus como de Júpiter, y aquí también se conservaban las lápidas de sílice, cristal o pedernales que usaban en las ceremonias simbólicas los feciales, sacerdotes romanos que declaraban oficialmente la guerra o hacían tratos en nombre del estado romano. Júpiter no solo era el gran protector de la raza, sino que era adorado por su carácter moral. Era en presencia de su sacerdote, Flamen Dialis, el miembro de más alto rango de la orden de sacerdotes de los *flamines*, que tenía lugar la más antigua y sagrada forma de matrimonio (confarreato).

Los animales que se ofrecían en sacrificio a Júpiter eran el buey, el cordero y el carnero (en los Idus de enero). Los animales debían ser blancos. Durante una de las crisis de las guerras púnicas, se le ofreció a Júpiter todo animal nacido ese año.

Se edificaron varios templos en honor a él. El templo de Júpiter Óptimo Máximo estaba sobre la colina del Capitolio. En su cúspide estaba la estatua de cuatro caballos que tiraban de un carro, con Júpiter como su auriga. Había una enorme estatua de Júpiter dentro del templo, y en los días de festivales la cara de la estatua se pintaba de color rojo. Este templo sirvió como modelo arquitectónico para otros templos. Dos fueron dedicados a Júpiter Stator, y Júpiter Víctor tenía un templo dedicado a él durante la tercera guerra samnita.

Lupercalia

Lupercalia era un festival pastoril muy antiguo, posiblemente prerromano, que se celebraba anualmente entre el 13 y el 15 de febrero para alejar espíritus malignos y purificar la ciudad, y para liberar salud y fertilidad. Se llevaba a cabo bajo el liderazgo de una corporación de sacerdotes llamados Luperci. Lupercus es un dios identificado a veces con Fauno. Su sacerdote usaba pieles de cabra.

El festival era celebrado por pastores, y tenían alguna conexión con la Arcadia Licaea. Durante el festival, muchos de los jóvenes y magistrados del imperio corrían desnudos por toda la ciudad, por deporte, riendo, y golpeaban a quienes encontraban a su paso con las sandalias peludas que calzaban. Las mujeres se les interponían en el camino a propósito, extendiéndoles las manos para ser golpeadas. Ellos creían que las mujeres embarazadas que eran golpeadas de esa manera serían auxiliadas en el parto, y las estériles quedarían embarazadas.

Los ritos del festival estaban dirigidos por los Luperci, los sacerdotes del Fauno. El festival estaba relacionado con Lupus, una deidad primitiva que protegía a los rebaños de los lobos y con la legendaria loba que amamantó a Rómulo y Remo.

Mercurio

Mercurio era el patrono de las ganancias financieras, el comercio y la elocuencia, la comunicación, los viajeros, las fronteras, la suerte, el engaño y los ladrones. También era quien guiaba a las almas al inframundo. Su culto fue introducido tempranamente, y su templo sobre el monte Aventino de Roma le fue dedicado en el 495 a. C. Allí estaba relacionado con la diosa Maya, quien llegó a identificarse como su madre por su relación con la griega Maya, madre de Hermes. Tanto Mercurio como Maya eran honrados en un festival el 15 de mayo, el día de dedicación del templo de Mercurio en el Aventino (construido alrededor del 500 a. C.).

Mercurio ha influenciado el nombre de muchas cosas en diferentes campos, como el planeta y el elemento. La palabra *mercurial* es comúnmente usada para referirse a algo o alguien errático, volátil o inestable, tomada de las historias de sus veloces vuelos de un lugar a otro. Generalmente se lo representaba usando sandalias aladas y sombrero alado, y un cetro alado con dos serpientes enrolladas. Era considerado el dios de la abundancia y el éxito comercial, especialmente en el comercio de granos.

El templo de Mercurio en Roma estaba en el Circo Máximo. Ese era el centro principal del comercio, así como una pista de carreras, y era el lugar en donde los romanos adoraban a Mercurio por su velocidad en el comercio y en los viajes. El festival de Mercurio, llamado Mercuralia, era el 15 de mayo. Durante ese festival los mercaderes rociaban sobre sus cabezas agua que habían extraído del pozo sagrado de Mercurio.

Minerva

Minerva era la diosa de la sabiduría y patrocinadora del trabajo artesanal, las profesiones, las artes y, más tarde, la guerra. Era identificada habitualmente con la griega Atenea. Algunos estudiosos creen que su culto fue el de Atenea introducido en Roma por los etruscos. Esto es reafirmado por el hecho de que ella pertenecía a la tríada Capitolina, en asociación con Júpiter y Juno. Su santuario en el Aventino, en Roma, era el lugar de reunión de la corporación de artesanos, incluyendo a la vez a poetas y actores dramáticos.

Ella tuvo un extraño nacimiento. Un día Júpiter tuvo un fuerte dolor de cabeza, que nadie podía curar. Finalmente Vulcano partió la cabeza de Júpiter, y Minerva saltó de allí vistiendo una armadura, con escudo y lanza.

Los romanos celebraban su festival desde el 19 hasta el 23 de marzo. Similar a la historia de Atenas, Minerva ayudó al héroe Perseo a matar a la gorgona Medusa, que era un monstruo con serpientes en lugar de cabello. Cualquiera que mirara a una gorgona se convertía en piedra. Pero Minerva le dijo a Perseo que mirara el reflejo de Medusa en un escudo pulido. De esa manera pudo cortarle la cabeza sin tener que mirar directamente a la gorgona. Le regaló la cabeza a Minerva, quien la puso en su escudo para que convirtiera en piedra a sus enemigos.

Su adoración como diosa de la guerra se superpuso al culto a Marte. Pompeyo le erigió un templo con el botín de las conquistas orientales, lo que demuestra que para entonces ya se la había identificado con la griega Atenea Niké, que concedía la victoria. Bajo el emperador Domiciano, quien reivindicaba su especial protección, la adoración a Minerva se puso más de moda en Roma.

Neptuno

Neptuno fue el nombre que los antiguos romanos le dieron al dios griego del mar y los terremotos, Poseidón. Era el hermano de Júpiter y de Plutón. Después de la derrota de su padre,

Saturno, los tres hermanos dividieron el mundo en tres partes que cada uno gobernaría. Júpiter tomó el cielo, Neptuno el mar y Plutón el inframundo. Neptuno tenía un temperamento violento, y las tormentas y los terremotos eran reflejos de su ira.

El festival de Neptuno (Neptunalia) se celebraba en el calor del verano (el 23 de julio), cuando el agua escaseaba; por lo tanto, su propósito era probablemente la propiciación del agua dulce por esa deidad. Neptuno tenía un templo en el Circo Flaminio de Roma. Contenía una famosa escultura de un grupo de deidades marinas encabezadas por Poseidón y Tetis. En el arte, Neptuno aparece como el griego Poseidón, cuyos atributos son el tridente y el delfín.

Neptuno era uno de los tres únicos dioses romanos a quienes se les sacrificaban toros, lo que implicaba una estrecha conexión entre el dios y el ámbito de este mundo.

Vulcano

Vulcano, hijo de Júpiter y Juno, era el dios del fuego, particularmente en sus aspectos destructivos como los volcanes o las conflagraciones y de la artesanía. Su fragua se localiza bajo el Monte Etna. Fue allí donde él y sus trabajadores forjaron armas para héroes y dioses.

El festival de Vulcano, Vulcanalia, se celebraba el 23 de agosto de cada año, en el tiempo en que las cosechas y los graneros corrían el mayor riesgo de incendiarse. Durante el festival se hacían fogatas en honor al dios, y en ellas se arrojaban como sacrificio peces o pequeños animales vivos, para que fueran consumidos en lugar de los humanos. Vulcano era invocado para evitar los incendios, como sugieren sus epítetos Quietus y Mulciber (mitigante del fuego). Debido a que era una deidad del fuego destructor, sus tempos estaban localizados fuera de la ciudad.

Poéticamente se le han concedido todos los atributos del griego Hefesto. Mediante su identificación con Hefesto, Vulcano llegó a ser considerado como el productor de arte, armas, hierro, joyas y armaduras para los dioses.

CAPÍTULO 8

Astrología

Astrología

La astrología consiste en varios sistemas de adivinación que suponen la predicción de sucesos terrestres y humanos mediante la observación y la interpretación de estrellas fijas, el sol, la luna y los planetas. La astrología ha sido datada al menos en el segundo milenio, y muchas culturas han atribuido importancia a los eventos astronómicos. En la astrología occidental muy a menudo hay un sistema de horóscopos que dicen explicar aspectos de la personalidad de un individuo y predecir sucesos futuros, basándose en la posición del sol, la luna y otras constelaciones o estrellas en el momento de su nacimiento.

La astrología se ha practicado desde los tiempos de la primera dinastía de la Mesopotamia, en culturas helenísticas y babilónicas y con la conquista de Asia de Alejandro el Grande se extendió hacia Grecia y Roma. Fue adoptada por las culturas árabe y persa, e importada a Europa durante el Renacimiento. Aparecen referencias astrológicas en la literatura, la poesía y la mitología. Durante gran parte de su historia, la astrología fue considerada una tradición académica. Se la ha relacionado con otros estudios, como la astronomía, la alquimia, la meteorología y la medicina. Nuevos conceptos científicos en astronomía y en física hacia finales del siglo diecisiete comenzaron a cuestionar las teorías de la astrología. Hoy en día la astrología ha sido rechazada por la comunidad científica como una seudociencia, por no tener poderes válidos para describir el universo.

Albumazar

Albumazar (o Abu-maaschar), fue un astrólogo árabe del siglo noveno. Nació en Balj y vivió en Bagdad, y fue conocido principalmente por su teoría de que el mundo solo pudo haber sido creado cuando los siete planetas estaban en conjunción en el primer grado de Aries. Creía que mundo acabaría cuando los siete planetas (ahora doce) estuvieran en conjunción similar en el último grado de Piscis.

Acuario

Acuario (latín: portador de agua) es el undécimo signo del zodíaco, se encuentra entre Capricornio y Piscis. Es una de las más antiguas constelaciones reconocidas en el zodíaco (según la trayectoria aparente del sol). No tiene estrellas particularmente brillantes, siendo sus cuatro estrellas más brillantes de una magnitud inferior a dos.

Acuario es simbolizado por un portador de agua, y gobierna el período entre el 20 de enero y el 18 de febrero. Se ha sugerido que sus representaciones de un hombre vertiendo un chorro de agua de un jarro surgieron porque en los tiempos antiguos el nacimiento de Acuario se asoció con la inundación anual del Nilo, que se decía que desbordaba cuando Acuario colocaba su jarra hacia el río, al comenzar la primavera. También estaba asociado con las destructivas inundaciones que experimentaban con regularidad los babilonios. En el esquema conceptual del "Gran año" —los más de veinticinco mil años que le lleva a la tierra atravesar la influencia de todos los signos del zodíaco— se dice que la tierra ha pasado a la Era de Acuario al principio del siglo diecinueve.

Aries

Aries (latín: carnero) en astronomía, la constelación está ubicada en el hemisferio norte, entre Piscis y Tauro. Fue clasificada por primera vez por el astrónomo griego Ptolomeo en el siglo dos. Aries es una constelación relativamente tenue, y tiene solo cuatro estrellas brillantes. Varias lluvias de meteoros parecen irradiar desde Aries.

En la mitología griega Aries se identifica con un carnero dorado que rescató a Frixo y lo llevó hasta la Cólquide, donde sacrificó el carnero a los dioses. La piel del carnero, que colocó en un templo, era el vellocino de oro que aparece más tarde en la historia de Jasón y los argonautas. En astrología Aries es el signo de los nuevos comienzos, y el primer signo del zodíaco, que comienza el 21 de marzo con el equinoccio de primavera y termina el 19 de abril.

Cáncer

Cáncer (latín: cangrejo) es una de las doce constelaciones del zodíaco. Se encuentra entre Géminis al norte y Leo al sur, Lynx al este y Canis Minor e Hidra al oeste. Contiene un muy conocido cúmulo de estrellas llamado Pesebre o Colmena.

En astrología Cáncer es el cuarto signo del zodíaco, y rige el período que abarca desde el 22 de junio hasta el 22 de julio. Se representa con un cangrejo (o langosta, o cangrejo de río) porque se lo relaciona con el cangrejo de la mitología griega que pellizcó a Hércules mientras luchaba con la Hidra de Lerna. Al ser aplastado por Hércules, el cangrejo fue recompensado por el enemigo de Hércules, Hera, y colocado en los cielos.

Capricornio

También llamada la cabra, la constelación de Capricornio está localizada en el área del cielo llamada el Mar o el Agua, que consta de muchas constelaciones relacionadas con el agua como las de Acuario, Piscis y Eridanus. Es la constelación más pequeña del zodíaco.

Capricornio es el décimo signo del zodíaco, y se considera que rige el período que se encuentra entre el 22 de diciembre y el 19 de enero. En la mitología griega la constelación se identifica a veces como Amaltea, la cabra que amamantó al niño Zeus después que su madre, Rea, lo salvó de ser devorado por su padre, Cronos. Una explicación de la cola de pez con la cual se suele representar a la cabra se encuentra en el mito griego de Pan, el dios con cabeza de cabra que se salvó del monstruo Tifón dándose a sí mismo una cola de pez y zambulléndose en un río.

Cástor y Pólux

Cástor es una de las dos estrellas más brillantes de la constelación Géminis. Cástor y Pólux eran conocidos como los gemelos. Cástor está arriba y hacia la derecha; Pólux está por debajo y hacia la izquierda. Las estrellas se llaman Cástor y Pólux por los gemelos de la mitología griega. Pólux era un campeón de boxeo y Cástor un jinete guerrero. La magnitud visual aparente de Cástor es de 1,58, lo que la convierte en una de las estrellas más brillantes del cielo. A simple vista o con binoculares parece estar sola, pero en realidad es un sistema de seis estrellas.

Calendario chino

Los comienzos del calendario chino se remontan al siglo catorce a. C. Este sistema de datación se usa junto con el calendario gregoriano (occidental) en China y Taiwán y en los países vecinos (por ejemplo, Japón). El calendario chino es básicamente lunar, y muestra un método de datación cíclico que se repite cada sesenta años. Se basa en dos ciclos que interactúan entre sí: el zodíaco chino, que se divide en doce partes, y los cinco elementos: el metal, el agua, la madera, el fuego y la tierra. Cada año del zodíaco chino está representado por un animal diferente: la rata, el toro, el tigre, el conejo, el dragón, la serpiente, el caballo, la oveja, el mono, el gallo, el perro y el cerdo. Los cinco elementos son asignados a los doce animales, otorgando diferentes características a cada animal (año).

Los horóscopos fueron desarrollados dentro de los signos animales, y predicen los rasgos de personalidad y el destino. Los signos, que se asignan según el año y luego el mes de nacimiento, representan las características de la personalidad de ese animal y se cree que la persona nacida bajo ese signo también tiene esas cualidades. La siguiente tabla muestras las características básicas de personalidad de los animales del zodíaco chino.[1]

Animal del zodíaco chino	Rasgos de personalidad animal
Rata	Perspicaz, inteligente, encantador y persuasivo
Buey	Paciente, amable, terco y conservador
Tigre	Autoritario, emocional, valiente y vehemente.
Conejo	Popular, compasivo y sincero
Dragón	Enérgico, valiente, afectuoso y carismático
Serpiente	Encantador, sociable, introvertido, generoso e inteligente
Caballo	Activo, independiente, impaciente, le gusta viajar
Oveja	Afable, tímido, amable, amante de la paz
Mono	Divertido, enérgico y activo
Gallo	Independiente, práctico, trabajador y observador
Perro	Paciente, diligente, generoso, fiel y amable
Cerdo	Cariñoso, tolerante, honesto, le gusta el lujo

Hay varias interpretaciones del origen del zodíaco chino. La mayoría está de acuerdo en que los doce animales eran los que aparecieron en respuesta a una invitación a una celebración hecha por Buda o el emperador de Jade.

Los cinco elementos se refieren a los cinco tipos de partículas básicas de la materia. La teoría de los cinco elementos describe caracteres personales de esos cinco elementos y de los principios de la forma en que estos interactúan entre sí. El gráfico de más abajo provee las características personales de los cinco elementos.[2]

Elemento	Carácter
Madera	Tiende a dispersarse en las cuatro direcciones, tiene fuerza para crecer, prosperar e ir hacia delante.
Metal	Tiende a agruparse, tiene fuerza para ser mordaz, cortante y agudo.
Agua	Tiende a ir cuesta abajo, tiene fuerza para fluir, ser libre e ir hacia abajo.
Tierra	Tiende a moverse de izquierda a derecha, tiene fuerza para ser fuerte y pesado, y para ir hacia adentro.
Fuego	Tiende a elevarse y expandirse hacia arriba, tiene fuerza para ser caliente, proveyendo luz, para alimentar y para ir hacia arriba.

También se basan en la teoría de los cinco elementos la medicina tradicional china y la acupuntura.

Dixon, Jeane L. Pinckert

Jeane Dixon fue una de las astrólogas y psíquicas más conocidas de Estados Unidos en el siglo veinte. Se dice que predijo la muerte del presidente de los Estados Unidos John F. Kennedy en la revista *Parade* publicada el 13 de mayo de 1956. Falleció el 25 de enero de 1997.

Géminis

Géminis (latín: gemelos) es una de las ochenta y ocho constelaciones modernas. Tiene a Tauro al oeste y Cáncer al este. Sus estrellas más brillantes son Cástor y Pólux (Alfa y Beta Geminorum), Pólux es la más brillante de las dos. El solsticio de verano, el punto más septentrional alcanzado por el sol en su aparente viaje anual entre las estrellas, se sitúa en Géminis.

Géminis es el tercer signo del zodíaco y se considera que el sol está en este signo entre el 21 de mayo y el 21 de junio. En la mitología griega se entiende que representa a los hermanos gemelos Cástor y Pólux, que nacieron de la misma madre, pero de diferentes padres. El signo de Géminis está regido por el planeta Mercurio, y se dice que está conectado con la comunicación, el contacto mental y los principios sociales.

horóscopo

Un horóscopo es una carta astrológica del cielo, que muestra la posición relativa del sol, la luna, los planetas, y los signos zodiacales del ascendente y el medio cielo en un momento específico. Un horóscopo se usa como método de adivinación de eventos relacionados con un momento específico. Sus métodos e interpretaciones generalmente son considerados seudocientíficos.

Un horóscopo individual generalmente se determina según el momento del nacimiento y es usado por los astrólogos para analizar el carácter así como —en combinación con otros datos astrológicos— para predecir el futuro. Los astrólogos usan un conjunto de tablas, llamadas efemérides, que listan la localización del sol, la luna y los planetas para un particular año y fecha. El horóscopo muestra doce sectores alrededor del círculo de la eclíptica, llamados casas; hay muchos sistemas de cálculos para estas divisiones. A cada una de estas casas se le asignan diversos departamentos de la vida humana, como la riqueza o el matrimonio. El planeta que cae dentro de una casa en particular se dice que influye sobre el tema que compete a esa casa.

Imhotep

Imhotep fue un médico y arquitecto egipcio, primer ministro del rey Zoser (3150 a. C.), quien fue importante en todos los tratados de egiptología. La civilización del antiguo Egipto es la más conocida desde el punto de vista de la arqueología. Imhotep fue adorado como el dios de la medicina en Egipto y en Grecia, donde se lo identificaba con el dios de la medicina, Asclepios, y era conocido como uno de los hombres más sabios del antiguo Egipto. Se lo considera el diseñador del primer templo de Edfu, en el alto Nilo, y se le atribuye el comienzo de la construcción del antiguo reino (2575-2130 a. C.) como el arquitecto del monumento más antiguo de piedra labrada conocido en todo el mundo: una pirámide escalonada construida en la necrópolis de Sakkara en la ciudad de Menfis.

Imhotep fue el primero en desarrollar la ciencia de embalsamar a los muertos, con el propósito de conservar los cuerpos de los antiguos egipcios, especialmente los faraones, para los siglos futuros. Los egipcios lo consideraban el padre de la medicina, tal como los griegos consideraban a Hipócrates. Es retratado como un sacerdote, sentado con un rollo de papiro sobre sus rodillas. Lleva un gorro y una larga falda de lino.

Imhotep no fue deificado sino hasta dos mil años después de su muerte. En el tiempo en que los persas conquistaron Egipto en 525 a. C., fue elevado a la posición de una deidad plena, y reemplazó a Nefertum en la gran triada de Menfis, compartida con sus mitológicos padres Ptah, el creador del universo, y Sejmet, la diosa de la guerra y la pestilencia.

Leo

Leo (latín: león) es el quinto signo del zodíaco, y en la astronomía es la constelación que se encuentra entre Cáncer y Virgo. Contiene muchas estrellas brillantes que fueron identificadas por antiguos astrólogos. Régulo (Alfa Leonis), la estrella más brillante, es de primera magnitud. La lluvia de meteoros de noviembre, llamada Leónidas, alcanza su máxima intensidad entre el 14 y el 15 de noviembre, con casi diez meteoros por hora.

En la astrología griega, Leo era identificado como el León de Nemea que Hércules mató en su primer trabajo. El León de Nemea tomaba mujeres como rehenes y luego atraía a los guerreros para que las rescataran, para su desgracia. Mostraba arrogancia ante todo armamento, lo que llevó a Hércules a comprender que debía derrotarlo con sus manos desnudas. En la astrología moderna se considera que el sol está en el signo de Leo desde el 23 de julio hasta el 22 de agosto.

Libra

La constelación de Libra (latín: balanza) es bastante débil y está situada entre Escorpio al este y Virgo al oeste. Las estrellas más brillantes de Libra forman un cuadrángulo que se utiliza para distinguir esa constelación de otras estrellas. Libra era conocido en la astronomía babilónica como la *báscula* o *balanza*. La balanza era considerada algo sagrado para el dios sol Shamash, que también era el patrono de la verdad y la justicia.

Libra es el séptimo signo del zodíaco y el sol aparece en la constelación desde el 23 de septiembre hasta el 23 de octubre. Libra es el único signo del zodíaco que no simboliza una criatura viviente.

Nostradamus

Nacido como Michel De Notredame (14 de diciembre de 1503-2 de julio de 1566), Nostradamus fue un astrólogo y médico francés, el vidente más leído del Renacimiento. Su familia era judía, pero se había convertido al catolicismo durante el siglo anterior.

Nostradamus era un boticario, y comenzó su carrera de medicina en Agen en 1529. Creó una píldora rosa que muchos creían que protegía de la plaga, y alcanzó un gran renombre por su medicina y tratamientos innovadores durante los brotes de peste en Aix y Lyon en 1546-1547. Para 1547 había comenzado a apartarse de la medicina y a acercarse al ocultismo. En 1555 publicó un libro titulado *Las profecías*, que contenía una colección de *cuartetas*, las profecías por las cuales es famoso hoy en día. Algunas personas creían que era un servidor del mal, y muchos de la élite creen que sus cuartetas fueron profecías espiritualmente inspiradas.

Catalina de Médici, la reina consorte de Enrique II de Francia, fue una de las admiradoras de Nostradamus, y lo invitó a Paris para que hiciera el horóscopo de sus hijos. Fue nombrado médico de la corte real por Carlos IX cuando se convirtió en rey en 1560. Debido a su estilo y contenido críptico —que combinaba palabras en francés, español, latín y hebreo— las profecías siguen creando mucha controversia. Se cree que algunas de ellas han pronosticado acontecimientos históricos reales ocurridos desde la época de Nostradamus, incluyendo ciertos detalles de la Revolución francesa del siglo dieciocho. Otras, que aparentemente no tienen sentido, se dice que profetizan sucesos que todavía no han ocurrido.

Omarr, Sydney

Sydney Omarr fue un astrólogo estadounidense (1926—2003) consultado por ricos y famosos. Su columna diaria aparecía en más de doscientos periódicos y sus libros de predicción anual —uno para cada signo del zodíaco—vendían más de cincuenta millones de copias. En 1971 se le diagnosticó esclerosis múltiple, lo que afectó su cuerpo hasta que quedó ciego y paralítico del cuello hacia abajo. Murió en 2003.

Piscis

Piscis (latín: pez) es una constelación que tiene a Aries al este y a Acuario al oeste.

El equinoccio de primavera, el punto donde la trayectoria anual del Sol lleva hacia el norte del ecuador celeste y desde el cual se miden la longitud celestial y la ascensión recta, se encuentra actualmente en Piscis, moviéndose lentamente hacia Acuario. La estrella más brillante de esta constelación es Van Maanen, la cual tiene una magnitud de 12,36.

Piscis es el décimo segundo signo del zodíaco, y tiene el sol en sí desde el 19 de febrero hasta el 20 de marzo. Es uno de los primeros signos del zodíaco de los que se tiene registro. De acuerdo con el mito griego, Piscis representa el pez en el cual

Afrodita y su hermano Eros se transformaron para escapar del monstruo Tifón. Éste había sido enviado por Gea para atacar a los dioses.

Sagitario

Sagitario (latín: arquero) es la novena constelación y está situada entre Capricornio al este y a Escorpio al oeste. Para reconocer fácilmente la estrella más brillante de la constelación se la asocia con un símbolo conocido como la tetera. La Vía Láctea presenta su parte más densa cerca de Sagitario, que es el centro de la galaxia, y como resultado de ello Sagitario tiene muchos cúmulos de estrellas y nebulosas.

Los babilonios identificaban a Sagitario como el dios Nergal, una criatura con forma de centauro que disparaba con arco y flecha. En la mitología griega también se lo identifica con un centauro, que es mitad humano y mitad caballo. La flecha de la constelación está dirigida hacia la estrella Antares —*el corazón del escorpión*— que se encuentra cerca de Escorpio. El sol se encuentra en Sagitario entre el 22 de noviembre y el 21 de diciembre.

Escorpio

Escorpio (latín: escorpión) es una constelación que tiene a Libra hacia el oeste y a Sagitario hacia el este. Es una gran constelación cerca del centro de la Vía Láctea. Escorpio contiene muchas estrellas brillantes, incluyendo a Antares.

Escorpio es el octavo signo del zodíaco, con el sol en él desde el 24 de octubre hasta el 21 de noviembre. Los mitos relacionados Escorpio casi siempre contienen una referencia a Orión. La mitología griega dice que Orión se jactó ante la diosa Artemisa y su madre, Leto, de que mataría a todos los animales de la tierra. Artemisa y su madre enviaron un escorpión para que tratara con Orión. Como recordatorio a los mortales de que dominaran su excesivo orgullo, Zeus puso a Escorpio en el cielo como una constelación.

Scot, Michael

Michael Scot fue un famoso matemático europeo medieval, erudito y astrólogo, que sabía latín, griego, árabe y hebreo. Fue un importante filósofo de la corte del Sacro Imperio Romano, y su participación y escritos sobre alquimia, astrología y astronomía le dieron la reputación de mago. Se cree que estudió en las universidades de Oxford y de Paris, y que luego fue a Sicilia y se hizo conocido en los círculos papales. Fue capaz de curar algunas de las enfermedades del emperador y sus teorías fueron de gran interés para Federico II.

Tenía la reputación de ser vanidoso respecto a su trabajo, y hasta de declarar que había presenciado la transformación de cobre en plata. Según tradiciones italianas, murió en la corte del Sacro Imperio Romano después de haber sido golpeado por un trozo de mampostería que cayó de una iglesia.

Shripati

Shripati fue un astrónomo hindú, astrólogo y matemático, cuyos escritos astrológicos tuvieron una influencia particular. Tres de los más conocidos son *Dhikotidakarana*, escrito en 1039 que trata sobre eclipses solares y lunares; *Dhruvamanasa*, escrito en 1056 sobre cómo calcular las longitudes planetarias, eclipses y tránsito planetario, y *Siddhantashekhara*, un importante trabajo sobre astronomía.

Shripati fue famoso por sus escritos en astrología. Escribió *Jyotisharatnamala* ("Una joya de la ciencia astral"), un texto basado en Lalla, un astrónomo-astrólogo hindú del siglo ocho. Él también escribió un comentario en ese libro en idioma maratí — el lenguaje más antiguo en la región indo-aria. También escribió el horóscopo astrológico *Jatakakarmapaddhati* ("Modo de calcular la natividad"). Estos dos escritos fueron de gran influencia en el desarrollo de la astrología en la India.

Tauro

Tauro (latín: toro) es una enorme e importante constelación del hemisferio norte, situada entre Aries y Géminis. Algunas de sus características son de interés para los astrónomos. Las Pléyades y las Híades son dos de sus cúmulos abiertos que son visibles al ojo desnudo. Durante noviembre, la lluvia de meteoros taurinos irradia desde la dirección general de esta constelación. La estrella más brillante es Aldebarán ("seguidor") que sigue a las Pléyades.

Tauro es el segundo signo del zodíaco, con el sol localizado en él desde el 20 de abril hasta el 20 de mayo. Su representación como un toro se relaciona con el mito griego de Zeus, que una vez se disfrazó de toro para secuestrar a Europa, la hija del rey Agenor de Fenicia.

Virgo

Virgo (latín: virgen) es una de las constelaciones del zodíaco, situada entre Leo al oeste y Libra al este. Es la segunda constelación en magnitud en el cielo, y puede ser hallada fácilmente por su estrella más brillante, Espiga. Además de Espiga, hay al menos cuatro estrellas brillantes más, y varias estrellas más débiles que se pueden distinguir. Virgo posee varios cúmulos de galaxias y también es donde se encuentra el quásar 3C 273, el primer quásar (objeto similar a una estrella) en haber sido identificado.

Los griegos y los romanos asociaban a Virgo con sus dioses del trigo y la agricultura, Deméter-Ceres, la madre de Perséfone. A veces era identificada alternativamente con la diosa virgen Astrea, que sostenía en su mano la balanza de la justicia como la constelación de Libra. En la Edad Media, a veces se relacionaba a Virgo con la virgen María. Virgo frecuentemente es representada llevando dos gavillas de trigo.

El espíritu de pobreza

LA POBREZA ES un espíritu que se opone a cualquier cosa que hace que una persona prospere. Este espíritu afecta la actitud, la mentalidad, o incluso la esencia misma de la existencia de esa persona. Se puede manifestar a través de maldiciones generacionales, asociación, o manipulación espiritual. Un espíritu de pobreza se ve reforzada por el hombre fuerte, pitón. La manifestación es como una pitón en un sentido natural: se envuelve alrededor de su víctima y le exprime la vida. Mientras mata a su víctima, la pitón solo permite que la víctima exhale, nunca le permite que inhale. Dicho simplemente, la pobreza no se mide por lo que una persona posee, sino por el hecho de que la persona tenga más cosas saliendo de su vida que entrando en ella. La persona afectada por pobreza siempre se queda corta y termina en rojo o con resultados negativos. Los siguientes términos se refieren a la pobreza:

- *Adversidad:* La adversidad es una condición, asunto o situación que es muy difícil de soportar.
- *Amigo de la hambruna*: Esto se refiere a personas que están familiarizadas con el hambre. Después de tenerla por tanto tiempo, se sienten cómodos, complaciente, y familiarizado con el hambre. Como resultado, la aceptan y hacen muy poco para cambiar su situación.

- *Ataduras al segundo cielo:* Conexiones con la actividad del segundo cielo.
- *Cielo cerrado*: Se refiere a cuando una persona vive en circunstancias en que el cielo no está abierto sobre ellas. Esto puede ser causado por no diezmar, o cuando otra actividad del segundo cielo provoca una interrupción del flujo de las cosas de Dios desde el tercer cielo para que la persona permanezca bajo maldición.
- *Cola y no cabeza*: Dios dice que los últimos serán los primeros y que su pueblo será la cabeza y no la cola. Un espíritu de cola y no de cabeza hace que una persona camine en oposición a las promesas de Dios, llegando a ser última (la cola).
- *Escasez contagiosa*: Es el tipo de escasez que se propaga. Toca las vidas de quienes están estrechamente relacionados o asociados con el que está en escasez.
- *Escasez extrema*: Esto es un alto grado de escasez, falta o deficiencia.
- *Espíritu antidiezmo*: El que se opone al diezmo.
- *Espíritu antisiembra*: El que se opone a la siembra.
- *Estar abajo y no arriba*: Los creyentes están sentados en lugares celestiales con Jesús. Los reinos de la oscuridad y de este mundo están espiritualmente bajo sus pies. Estar debajo y no encima significa que una persona se ha desplazado desde su asiento celestial en Dios y ahora está bajo los pies (o dominio) de los demonios; esa persona se ha inclinado por debajo de la que Dios ha llamado a que sea en él a través del miedo o el compromiso.
- *Estar sin un céntimo*: Estar completamente sin dinero.
- *Fracaso*: El fracaso es la falta de éxito. Es la incapacidad para hacer lo que se espera, pide, o requiere. En el fracaso hay una insuficiencia en el espíritu tanto como en lo natural. Exhibe deficiencia, deterioro, o una declinación.
- *Hermano del gran derrochador*: Este espíritu está de acuerdo con la pérdida de tiempo, dinero, esfuerzo,

talento, y todo lo que Dios le ha dado a una persona para ser utilizados para el reino. Estos individuos son hermanos con el gran derrochador, lo que significa que poseen muchas de las mismas características.

- *Indigencia*: Es la miseria en su nivel más bajo. Es la penuria, precariedad y escasez en acción.

- *Insuficiencia*: Simplemente no tener lo suficiente.

- *Maldición de insuficiencia*: La desgracia de no tener lo suficiente.

- *Mayordomo malvado*: Mayordomía pecaminosa, acciones inmorales.

- *Mendicidad*: Un espíritu de mendigo es indigente y pobre. Es indigente de recursos, tanto financieros como espirituales. Carece de las ideas diseñadas para dar a luz la riqueza. La mendicidad es la mentalidad de siempre tener que pedir ayuda.

- *Mentalidad de nada*: Esta mentalidad hace que una persona se acostumbre a no tener nada; por lo tanto, deja de esperar que sucedan cosas buenas, causando que su visión de la vida sea muy baja.

- *Miseria*: Cuando uno está en necesidad, que le falta lo sustancial.

- *Necesidad*: Quedar falto, vacío, subdesarrollado; una situación de pauperismo.

- *Necesitar*: Tener un deseo o una necesidad no satisfechos.

- *Pauperismo*: Paupérrima es una persona extremadamente pobre. Es alguien que no tiene dinero para comida, ropa, vivienda y otras necesidades. Se trata de una persona sin ningún tipo de apoyo financiero.

- *Penuria*: Es pobreza extrema y carencia grave.

- *Pies malditos*: Situación en que los pasos de una persona no son reconocidos y no se les concede ningún aumento.

- *Pis de pobre*: Se cree que la orina solía ser recogida por familias para teñir pieles de animales. Cada miembro de la familia orina colectivamente en un recipiente y lo

venden. A veces ese fue un método utilizado para sobrevivir económicamente, lo cual le valió el nombre de pis
de pobre.

- *Pobreza extrema*: Sin empleo, sin dinero, con agujeros
  en los zapatos; no pueden limpiar adecuadamente su
  ropa, cabello, hogar, o cualquier cosa, lo cual resulta en
  la suciedad que se encuentra en varias áreas de su vida.
- *Pobreza vergonzosa*: Pobreza que deshonra a generaciones y es una maldición.
- *Postura de últimos frutos*: Evitar ser un dador de primi-
  cias; renunciando a esos principios tomamos una postura de últimos frutos y no recibiremos las bendiciones de
  los primeros frutos.
- *Prestatario:* Aquel que toma de una fuente para dar a
  otro.
- *Privación*: Una persona que sufre privación ha tenido
  algo agradable o de significación que le fue quitado.
- *Pronóstico de apenas*: Pronosticación malvada de que no
  se tendrá lo suficiente.
- *Puertas abiertas a comedores de la semilla:* Es cuando a
  cada comedor de la semilla del mal se le da la oportuni-
  dad de comer nuestra semilla.
- *Puertas abiertas a comedores del fruto*: Es cuando todos
  los comedores del fruto del mal tienen entrada al fruto
  del trabajo de una persona.
- *Socio de la langosta*: Es uno que trabajará con la langosta para comerse sus propias bendiciones.
- *Socio de la oruga*: Es uno que trabajará con la oruga para
  comerse sus propias bendiciones.
- *Socio del revoltón*: Uno que trabajará con el revoltón
  para comerse sus propias bendiciones.
- *Tacaño*: Un tacaño es avaro. Son reacios a gastar, y fallan
  grandemente en el área de la generosidad.
- *Toque fallido:* Cuando nada en lo que una persona pone
  sus manos para hacer prospera; lo que toca es maldito.

- *Tragado*: El diablo está buscando a quien devorar o tragar entero; debemos llegar a ser como espinas de pescado en la garganta del enemigo para hacer que expectore lo que ha tratado de tragar.

- *Vivir en los dominios del devorador*: Cuando una persona se ha desplazado financieramente a o ha llegado a un acuerdo con un espíritu devorador, usualmente por robarle a Dios el diezmo y la ofrenda, pero no limitado a este acto. Espíritus devoradores tragan todo a sus víctimas.

Miedos y fobias

Fobia

Una fobia es un miedo intenso, irracional y en ocasiones delirante de personas, lugares o cosas. El miedo se define como un sentimiento de angustia, dolor o peligro. El miedo también puede ser definido como una incertidumbre problemática, que manifiesta el espíritu opuesto al de la fe. El miedo es una condición que afecta a la mente y puede obstaculizar todas las áreas de la vida de una persona. Las manifestaciones del espíritu de temor son estar preocupado, ansioso o en un estado de espanto.

La gente puede tener fobias de cosas que nunca podrían ser imaginadas para promover el miedo. El poder de una fobia es que está arraigada en la mente de una persona como la peor cosa que podría enfrentar o con la que podría entrar en contacto en su vida. Job lo dijo mejor: "El temor que me espantaba me ha venido" (Job 3:25), El remedio para el espíritu de temor está en 2 Timoteo 1:7: Dios no nos ha dado un espíritu de temor, sino de:

• Poder
• Amor
• Dominio propio

El miedo es un poderoso espíritu que ataca la mente. Este poder puede ser superado por el poder de Dios y la sangre de Jesús. Cuando el hombre fuerte del miedo ataca las vidas de quienes se someten a Dios, un hombre más fuerte toma el control y les da la victoria. Una mente sana no puede ser penetrada por las fobias del enemigo. A continuación se muestra una lista de fobias que pueden ser expuestas y echadas fuera de la vida de una persona. Una mente sana abre puertas espirituales para un corazón fuerte. Estamos viviendo en un tiempo en el cual los corazones de la gente están desfalleciendo por el temor (Lucas 21:26).

Fobias

NOMBRE DE LA FOBIA	OBJETO TEMIDO[1]
Ablutofobia	Miedo a bañarse
Acarofobia	Miedo a la picazón
Acerofobia	Miedo a los ácidos
Acluofobia	Miedo a la oscuridad
Acrofobia	Miedo a las alturas
Acustifobia	Miedo al ruido
Aerofobia	Miedo a las corrientes de aire
Agirofobia	Miedo de cruzar la calle
Agliofobia	Miedo al dolor
Agorafobia	Miedo a los espacios abiertos
Agrizoofobia	Miedo de los animales salvajes
Aicmofobia	Miedo a las agujas y otros objetos punzantes
Ailurofobia	Miedo de los felinos
Albuminurofobia	Miedo a la enfermedad renal
Alectorofobia	Miedo a los pollos
Aliumfobia	Miedo al ajo
Alodoxafobia	Miedo a las opiniones
Amatofobia	Miedo al polvo
Amaxofobia	Miedo a conducir un vehículo

NOMBRE DE LA FOBIA	OBJETO TEMIDO
Ambulofobia	Miedo a caminar
Amicofobia	Miedo a ser arañado
Anablefobia	Miedo a mirar hacia arriba
Androfobia	Miedo a los hombres
Anemofobia	Miedo al viento o a las corrientes de aire
Anglofobia	Miedo a lo relacionado con Inglaterra
Antlofobia	Miedo a las inundaciones
Antofobia	Miedo a las flores
Anuptafobia	Miedo a quedarse solo
Apeirofobia	Miedo al infinito
Apifobia	Miedo a las abejas
Aracnofobia	Miedo a las arañas
Araquibutirofobia	Miedo a que la mantequilla de cacahuete se pegue al paladar
Aritmofobia	Miedo a los números
Astrofobia	Miedo a las estrellas y al espacio celeste
Ataxofobia	Miedo al desorden
Atazagorafobia	Miedo a ser olvidado, ignorado, o a la falta de respeto
Atelofobia	Miedo a la imperfección
Atenofobia	Miedo a desmayarse
Atiquifobia	Miedo al fracaso
Aurofobia	Miedo al oro
Aurorafobia	Miedo a la aurora boreal
Automatonofobia	Miedo a los ventrílocuos, maniquíes, muñecos, o estatuas de cera
Automisofobia	Miedo a estar sucio
Aviofobia	Miedoa volar
Bacilofobia	Miedo a los microbios

NOMBRE DE LA FOBIA	OBJETO TEMIDO
Balistofobia	Miedo a los misiles o las balas
Barofobia	Miedo a la gravedad
Basofobia	Miedo a no poder mantenerse en pie
Batofobia	Miedo a la profundidad
Batracofobia	Miedo a los anfibios
Bibliofobia	Miedo a los libros
Bogifobia	Miedo al hombre del saco
Bromidrosifobia	Miedo a los malos olores corporales
Bufonofobia	Miedo a los sapos
Cacofobia	Miedo a la fealdad
Caliginefobia	Miedo a las mujeres hermosas
Carcinofobia	Miedo al cáncer
Cardiofobia	Miedo al corazón
Carnofobia	Miedo a la carne
Catagelofobia	Miedo a ser ridiculizado
Catagelofobia	Miedo al ridículo
Catapedafobia	Miedo a saltar
Catisofobia	Miedo a sentarse
Ceraunofobia	Miedo a los truenos
Chionofobia	Miedo a la nieve
Cibofobia	Miedo a los alimentos
Ciclofobia	Miedo a las bicicletas
Claustrofobia	Miedo a los espacios cerrados
Cleisiofobia	Miedo a ser encerrado
Cleptofobia	Miedo a robar
Climacofobia	Miedo a las escaleras
Clinofobia	Miedo de ir a la cama
Coimetrofobia	Miedo a los cementerios

NOMBRE DE LA FOBIA	OBJETO TEMIDO
Colerofobia	Miedo a encolerizarse
Contreltofobia	Miedo al abuso sexual
Coprastasofobia	Miedo al estreñimiento
Coprofobia	Miedo a las heces
Corofobia	Miedo a bailar
Coulrofobia	Miedo a los payasos
Cremnofobia	Miedo a los precipicios
Criofobia	Miedo a frío extremo
Cristalofobia	Miedo a los cristales, vidrios u objetos brillantes
Crometofobia	Miedo al dinero
Cromofobia	Miedo a los colores
Cronometrofobia	Miedo a los relojes
Decidofobia	Miedo a tomar decisiones
Defecaloesiofobia	Miedo a los movimientos intestinales dolorosos
Deipnofobia	Miedo a las cenas
Dementofobia	Miedo a la locura
Demonofobia	Miedo a los demonios, demonología, o lo relacionado con el diablo
Dendrofobia	Miedo a los árboles
Dentofobia	Miedo a los dentistas
Dermatofobia	Miedo a las lesiones de la piel
Deshabiliofobia	Miedo a desnudarse delante de alguien
Didascaleinofobia	Miedo a ir a la escuela
Dinofobia	Miedo a los mareos
Diplofobia	Miedo a la visión doble
Dipsofobia	Miedo a beber
Diquefobia	Miedo a la justicia

NOMBRE DE LA FOBIA	OBJETO TEMIDO
Dismorfofobia	Miedo a la deformidad
Distiquifobia	Miedo a los accidentes
Domatofobia	Miedo a las casas
Dorafobia	Miedo a la piel o pieles de animales
Dromofobia	Miedo a cruzar las calles
Eclesiofobia	Miedo a la iglesia
Eisoptrofobia	Miedo a los espejos o a verse a sí mismo reflejado en un espejo
Electrofobia	Miedo de la electricidad
Eleuterofobia	Miedo a la libertad
Emetofobia	Miedo a vomitar
Enetofobia	Miedo de los alfileres
Enoclofobia	Miedo a las multitudes
Enosiofobia	Miedo a cometer un pecado imperdonable
Entomofobia	Miedo a los insectos
Eosofobia	Miedo al amanecer o a la luz del día
Epistaxiofobia	Miedo a las hemorragias nasales
Epistemofobia	Miedo al conocimiento
Equinofobia	Miedo a los caballos
Eremofobia	Miedo a ser uno mismo
Ereutrofobia	Miedo a ruborizarse
Ergofobia	Miedo al trabajo
Erotofobia	Miedo al amor sexual
Eufobia	Miedo a escuchar buenas noticias
Eurotofobia	Miedo a los genitales femeninos
Falacrofobia	Miedo a convertirse en calvo
Farmacofobia	Miedo a los medicamentos
Fasmofobia	Miedo a los fantasmas

NOMBRE DE LA FOBIA	OBJETO TEMIDO
Febrifobia	Miedo a la fiebre
Filemafobia	Miedo a besar
Filofobia	Miedo a enamorarse
Fobofobia	Miedo a las fobias
Fonofobia	Miedo a los ruidos
Frigofobia	Miedo a todo lo que está frío
Ftisiofobia	Miedo a la tuberculosis
Gamofobia	Miedo al matrimonio
Geliofobia	Miedo a la risa
Geniofobia	Miedo a las barbillas o mentones
Genufobia	Miedo a las rodillas
Gerascofobia	Miedo a envejecer
Hadefobia	Miedo al infierno
Hagiofobia	Miedo a los santos o a las cosas santas
Harpaxofobia	Miedo a ser robado
Hedonofobia	Miedo a sentir placer
Heliofobia	Miedo al sol
Hemofobia	Miedo a la sangre
Herpetofobia	Miedo a los reptiles
Heterofobia	Miedo al sexo opuesto
Hidrofobia	Miedo al agua
Hipegiafobia	Miedo a la responsabilidad
Hodofobia	Miedo a los viajes por carretera
Homiclofobia	Miedo a la niebla
Homilofobia	Miedo a los sermones
Homofobia	Miedo a los iguales, a la homosexualidad
Hoplofobia	Miedo a las armas de fuego
Iatrofobia	Miedo a los médicos

NOMBRE DE LA FOBIA	OBJETO TEMIDO
Ictiofobia	Miedo a pescado
Ilingofobia	Miedo a vértigo
Insectofobia	Miedo a los insectos
Iofobia	Miedo a ser envenenado
Isolofobia	Miedo a la soledad
Itifalofobia	Miedo a una erección
Japanofobia	Miedo a lo relacionado con el Japón
Judeofobia	Miedo a lo relacionado con los judíos
Kenofobia	Miedo a los espacios vacíos
Kifofobia	Miedo a inclinarse
Kinetofobia	Miedo al movimiento
Koniofobia	Miedo al polvo
Kopofobia	Miedo a la fatiga
Lacanofobia	Miedo a los vegetales
Leprofobia	Miedo de la lepra
Leucofobia	Miedo al color blanco
Ligirofobia	Miedo a los ruidos fuertes
Ligofobia	Miedo a la oscuridad
Limnofobia	Miedo a los lagos
Linonofobia	Miedo a las cuerdas
Liticafobia	Miedo a las demandas
Logofobia	Miedo a las palabras
Loquiofobia	Miedo al parto
Luifobia	Miedo a la sífilis
Lutrafobia	Miedo a las nutrias
Mageirocofobia	Miedo de cocinar
Mastigofobia	Miedo al castigo
Mecanofobia	Miedo a las máquinas
Melofobia	Miedo a la música

NOMBRE DE LA FOBIA	OBJETO TEMIDO
Menofobia	Miedo a la menstruación
Merintofobia	Miedo a ser atado
Metatesiofobia	Miedo a los cambios
Metifobia	Miedo al alcohol
Micofobia	Miedo a las setas
Microfobia	Miedo a las cosas pequeñas
Misofobia	Miedo a la suciedad o a los gérmenes
Mixofobia	Miedo a la baba
Mnemofobia	Miedo a los recuerdos
Motorfobia	Miedo a los automóviles
Musofobia	Miedo a los ratones
Necrofobia	Miedo a la muerte
Nefofobia	Miedo a las nubes
Neofarmafobia	Miedo a los nuevos fármacos
Neofobia	Miedo a algo nuevo
Noctifobia	Miedo a la noche
Nomatofobia	Miedo a nombres
Nosocomefobia	Miedo a los hospitales
Novercafobia	Miedo a la madrastra
Numerofobia	Miedo a los números
Ocofobia	Miedo a los vehículos
Odinofobia	Miedo al dolor
Odontofobia	Miedo a la cirugía dental
Oenofobia	Miedo a los vinos
Ofidiofobia	Miedo a las serpientes
Oftalmofobia	Miedo a ser observado
Oicofobia	Miedo a la casa
Olfactofobia	Miedo a los olores
Ombrofobia	Miedo a la lluvia

NOMBRE DE LA FOBIA	OBJETO TEMIDO
Ommetafobia	Miedo a los ojos
Ornitofobia	Miedo a las aves
Osfresiofobia	Miedo a los olores
Ostraconofobia	Miedo a los mariscos
Ouranofobia	Miedo al cielo
Pagofobia	Miedo a hielo o escarcha
Pantofobia	Miedo a la enfermedad
Papafobia	Miedo al papa
Papirofobia	Miedo al papel
Parasitofobia	Miedo a los parásitos
Pecatofobia	Miedo a pecar
Pediofobia	Miedo a las muñecas
Pedofobia	Miedo a los niños
Pirofobia	Miedo al fuego
Placofobia	Miedo a las lápidas
Plutofobia	Miedo a la riqueza
Pogonofobia	Miedo a las barbas
Poinefobia	Miedo al castigo
Proctofobia	Miedo al recto
Pteromeranofobia	Miedo a volar
Pupafobia	Miedo a los títeres
Quemofobia	Miedo a los productos químicos
Querofobia	Miedo a la alegría
Quetofobia	Miedo al pelo
Quiraptofobia	Miedo a ser tocado
Rabdofobia	Miedo a ser castigado
Radiofobia	Miedo a la radiación o a los rayos x
Ranidafobia	Miedo a las ranas o sapos
Ripofobia	Miedo a la defecación

NOMBRE DE LA FOBIA	OBJETO TEMIDO
Ritifobia	Miedo a tener arrugas
Rupofobia	Miedo a la suciedad
Samainofobia	Miedo de Halloween
Satanofobia	Miedo a Satanás
Scabiofobia	Miedo a la sarna
Scelerofobia	Miedo a los hombres malos o delincuentes
Sciofobia	Miedo a las sombras
Scolecifobia	Miedo a los gusanos
Scotomafobia	Miedo a la ceguera
Scriptofobia	Miedo a escribir en público
Selenofobia	Miedo a la luna
Seplofobia	Miedo a la materia en descomposición
Sfexsofobia	Miedo a las avispas
Siderodromofobia	Miedo a los trenes
Siderofobia	Miedo a las estrellas
Sifilofobia	Miedo a la sífilis
Simbolofobia	Miedo a la simbología
Simetrofobia	Miedo a la simetría
Singenesofobia	Miedo a los familiares
Sinistrofobia	Miedo a ser zurdo
Staurofobia	Miedo a la cruz
Stenofobia	Miedo a los lugares estrechos
Tachofobia	Miedo a la velocidad
Tafefobia	Miedo a ser enterrado vivo
Talasofobia	Miedo al mar
Tanatofobia	Miedo a la muerte o a morir
Tapinofobia	Miedo a ser contagioso
Taurofobia	Miedo a los toros

NOMBRE DE LA FOBIA	OBJETO TEMIDO
Teatrofobia	Miedo a los cines
Tecnofobia	Miedo a la tecnología
Teleofobia	Miedo a planes definitivos
Termofobia	Miedo al calor
Testofobia	Miedo de tomar pruebas
Tocofobia	Miedo al parto
Tonitrofobia	Miedo a los truenos
Toxifobia	Miedo al veneno
Traumatofobia	Miedo a las lesiones
Tremofobia	Miedo a los temblores
Tripanofobia	Miedo a las inyecciones
Triscadecafobia	Miedo al número trece
Uranofobia	Miedo al firmamento
Urofobia	Miedo a la orina
Vaquinofobia	Miedo a las vacunas
Venustrafobia	Miedo a las mujeres hermosas
Verbofobia	Miedo a las palabras
Verminofobia	Miedo a los gérmenes
Vestifobia	Miedo a prendas de vestir
Virginitifobia	Miedo a la violación
Vitricofobia	Miedo a los padrastros
Wiccafobia	Miedo a las brujas
Xantofobia	Miedo al color amarillo
Xenofobia	Miedo a los extranjeros
Xerofobia	Miedo a la sequedad
Xilofobia	Miedo a los bo Hibristofilia sques
Zelofobia	Miedo a los celos
Zeusofobia	Miedo a Dios o a los dioses
Zoofobia	Miedo a los animales

Fetiches de interés erótico

FETICHE	INTERÉS ERÓTICO[1]
Abasiofilia	Personas con discapacidad motriz.
Acrotomofilia	Personas con amputaciones
Agalmatofilia	Estatuas, maniquíes e inmovilidad.
Alogolagnia	Dolor, con especial participación de una zona erógena.
Andromimetofilia	Hombres trans.
Anililagnia	Atracción de hombres jóvenes hacia mujeres mayores.
Antropofagia	Obtener placer de ingerir carne humana.
Antropofagolagnia	Parafilia sádica que implica violar y luego cometer canibalismo con las víctimas.
Apotemnofilia	El interés erótico en ser amputado.
Asfixia autoerótica	Asfixia autoinducida.
Asfixia erótica	La asfixia de uno mismo u otros.
Asfixiofilia	Ser asfixiado o estrangulado.
Atracción por la discapacidad	Atracción por las discapacidades físicas.
Autagonistofilia	Estar en el escenario o en cámara.
Autasasinofilia	Estar en situaciones de riesgo de ser asesinado.
Autoandrofilia	Una hembra biológica imaginándose a sí misma como varón.
Autoginefilia	Un hombre biológico imaginándose a sí mismo como una mujer.

FETICHE	INTERÉS ERÓTICO[1]
Autohemofetichismo	Causarse uno mismo un sangrado.
Autonepiofilia	Imaginarse a uno mismo como un infante.
Autopedofilia	Imaginarse a uno mismo en la forma de un niño.
Autoplushofilia	Imaginarse a uno mismo como un animal de peluche.
Autovampirismo	Imaginarse a uno mismo como un vampiro, lo que implica ingerir o ver la propia sangre.
Autozoofilia	Imaginarse a uno mismo en la forma de un animal.
Biastofilia	Violación consentida de una persona; fantasía de violación
Cleptofilia	Robos.
Clismafilia	Poner a otro o recibir enemas.
Coprofilia	Interés erótico en las heces; también conocido como escatofilia o fecofilia.
Cremastistofilia	Tener que pagar o ser robado.
Cronofilia	Socios de edad cronológica de gran disparidad.
Dacrifilia	Lágrimas o llanto.
Dendrofilia	Árboles.
Emetofilia	Vómito·
Erotofonofilia	Excitación sexual por asesinar personas, por lo general extranjeros.
Escatología telefónica	Llamadas telefónicas obscenas particularmente con extrasnjeros.
Estenolagnia	Músculos y demostraciones de fuerza.
Estigmatofilia	Perforaciones y tatuajes en el cuerpo.
Exhibicionismo	Exposición de los genitales a una persona desprevenida y sin su consentimiento.

FETICHE	INTERÉS ERÓTICO[1]
Feederism	Erotización del comer, alimentarse y ganar peso.
Festichismo del pie	Una atracción por los pies.
Fetichismo de pañales	Desea ponerse pañales; Conecta con el infantilismo parafílico.
Fetichismo de sangre	Beber o mirar sangre.
Fetichismo del ombligo	Atracción sexual por el ombligo.
Fetichismo sexual	Objetos inanimados.
Fetichismo travesti	Uso de ropa asociadas al sexo opuesto.
Formicofilia	Contacto de insectos.
Fornifilia	Convertir el cuerpo de un ser humano en un mueble.
Froteurismo o frotismo	Frotarse contra otra persona sin su consentimiento.
Gerontofilia	Interés erótico en personas ancianas.
Ginandromorfofilia	Interés en mujeres transexuales o transgénero; también llamado Ginemimetofilia.
Heterofilia	Atracción por, fetichización, o idealización sexualizada de la heterosexualidad y/o de personas que están "actuando de heterosexuales", especialmente personas no heterosexuales.
Hibristofilia	Atracción por delincuentes, en particular de crímenes crueles e indignantes.
Homeovestismo	Usar ropa emblemática del propio sexo.
Infantilismo parafílico	Excitación sexual basada en vestirse o ser tratado como un bebé.
Infantofilia	Pedofilia enfocada en niños de cinco años o menos.
Lactofilia	Mamar leche.

FETICHE	INTERÉS ERÓTICO[1]
Líquidofilia	Inmersión de los genitales en líquidos.
Macrofilia	Fascinación con una fantasía sexual que involucre gigantes.
Maschalagnia	Atracción por las axilas.
Masoquismo	Sufrir, ser golpeada, obligada o humillado de alguna otra manera.
Mecanofilia	Automóviles u otras máquinas.
Melolagnia	Estimulación causada por música.
Menofilia o menstruofilia	Menstruación.
Metrofilia	Estimulación por poesía.
Misofilia	Suciedad, cosas sucias o en descomposición.
Morfofilia	Particulares formas o tamaño del cuerpo.
Mucofilia	Mucosidad.
Narratofilia	Palabras obscenas.
Nasofilia	Narices.
Necrofilia	Cadáveres.
Objetofilía	Deseo emocional pronunciado hacia objetos inanimados específicos.
Oculofilia	Fetichismo de ser excitado por ojos.
Oculolinctus	Lamer el globo ocular.
Olfactofilia	Olores.
Parcialismo	Partes específicas, no genitales, del cuerpo.
Pedofilia	Niños impúberes.
Pedoverstismo	Vestirse como una chica.
Peodeiktofilia o exhibicionismo	Exposición del propio pene.
Pictofilia	Pornografía o arte erótico, especialmente fotos.

FETICHE	INTERÉS ERÓTICO[1]
Piquerismo	Satisfacción sexual mediante la penetración de otra persona, cortando o apuñalando su cuerpo con objetos punzantes.
Pirofilia	Fuego.
Plushofilia	Atracción sexual por animales de peluche.
Raptofilia	Cometer violación.
Sadismo	Infligir dolor a otros.
Salirofilia	Ensuciarse o ensuciar a otros.
Simforofilia	Ser testigo de, o escenificar desastres como accidentes de coche.
Sofofilia	Excitación sexual por el aprendizaje.
Somnofilia	Personas dormidas o inconscientes.
Teratofilia	Fijación con personas deformes.
Toucherismo	Tocar a una persona desprevenida, sin su consentimiento, con la mano.
Toxofilia	Estimulación por el tiro con arco.
Transvestofilia	Un socio sexual travesti.
Tricofilia	Pelo.
Troilismo	Ver a la pareja de uno tener relaciones sexuales con otro.
Urolagnia	Orinar en público, orinar sobre otros y/o estar orinado.
Vampirismo	Atracción por o relacionada con la sangre.
Vorarefilia	La idea de comer o ser comido por otros, a veces completamente ingerido en una pieza.
Voyeurismo	Observar a otros cuando están desnudos o teniendo sexo, en general sin su conocimiento.
Zoofilia	Animales.
Zoosadismo	Infligir o ver a animales tener dolor.

Los demonios de la noche

Adramelec

Presidente del Consejo Supremo de Demonios del infierno.

Aguares

El gran duque del infierno oriental que comanda treinta legiones de demonios.

Aiperos

Un príncipe del infierno que comanda treinta y seis legiones de demonios.

Akop

Un demonio de las Filipinas que se alimenta de personas viudas.

Angul

Un demonio de las Filipinas que mata con un hacha.

Apepi

Un demonio serpiente conocida como el mayor enemigo del dios egipcio Ra (el dios sol).

Asmodeo

Un demonio que fue desterrado al desierto, descrito como casado con Lilith (demonio del desierto / bruja de la noche).

Astarte

Una diosa pagana que hace que la gente adore al demonio a través de la idolatría.

Azazel

Un demonio del desierto también llamado chivo expiatorio o espíritu de transferencia.

Azi Dahaka

El dios de Irán que tiene tres cabezas; un espíritu de brujería.

Azrael

Los musulmanes creen que es el ángel de la muerte

Baal

Comandante de los ejércitos demoníacos del infierno

Baalberith

También conocido como Berith, un jefe de demonios del infierno.

Belcebú

Su nombre significa el señor de las moscas; uno de los siete príncipales del infierno.

Belial

También conocido como Beliel, es el príncipe del engaño; el demonio anticristo.

Beng

Los gitanos rumanos lo adoran como Satanás.

Bumalin

Un dios filipino del Hades.

captor de sueños

Un demonio que esconde los sueños de la gente para que sepa que tuvo un sueño, pero no lo pueda recordar.

Caronte

El barquero del infierno que lleva las almas a través del río Estigia; también se lo conoce como la Parca del agua.

Caym

El gran presidente del infierno.

Chemosit

Un demonio de África que es mitad hombre y mitad pájaro.

Chernobog

Su nombre significa dios negro, y él es un demonio eslavo que trae el mal por la noche.

Congo Zandor

Un demonio venerado en Haití.

Cresil

El demonio de la impureza.

Dagon

Un demonio de idolatría que es adorado por los espíritus marinos; el dios pescado también llamado Ictis.

demonios que hacen volar las almas

Los demonios de la noche que hacen que las personas vuelen en su vida onírica(una experiencia extracorpórea demoníaca).

Eblis

El demonio persa de la desesperación.

Elathan
El señor de la oscuridad que es adorado por el pueblo celta.

Erebo
Un guarda demoníaco de la oscuridad que rodea al infierno; asegura que la luz no entre y que la oscuridad no pueda salir.

espíritu esposa
Un demonio que se casa con un hombre en su vida onírica y nunca permite que él tenga una relación exitosa en su vida.

espíritu hank
Un demonio llamado también espíritu de bruja que causa parálisis del sueño o asfixia; personas mayores tradicionalmente llaman a esta experiencia "la bruja que monta la escoba".

espíritu marido
Un demonio que se casa con una mujer en su vida onírica y nunca permite que ella tenga una relación exitosa en su vida.

Eurinomus
Un demonio que se come a los muertos.

Gerión
Un centauro gigante que guarda el infierno. Se menciona en la obra de Dante Alighieri, Infierno.

Guaricana
Adoradores del demonio en Brasil lo honran azotando hombres jóvenes hasta que fluya la sangre.

Hatu-Atu-Topun
Un demonio femenino de la Polinesia que acecha en el crepúsculo y al amanecer.

Hécate
Reina de las brujas; un hombre fuerte del infierno.

Ikwaokinyapippilele
Un demonio observado en Panamá por haber causado enfermedades.

inicio del sueño
Cuando los demonios de la brujería se infiltran en la vida onírica de una persona para literalmente dedicarlo como una bruja ciega.

Itzcoliuhqui
Un dios demonio de los aztecas que trae tiempo frío y destrucción.

Jahi
Un demonio femenino persa que se especializa en el libertinaje.

Jezebeth
El demonio de la falsedad.

Jilaiya
Un demonio conocido en la India como un pájaro que vuela de noche para chupar la sangre de las personas cuyo nombre ha escuchado.

Keron-Kenken
Un espíritu maligno que se alimenta de los bebés recién nacidos y bebe las lágrimas de las madres.

Kobal
Un demonio patrono de los comediantes y la burla; está a cargo del libertinaje del entretenimiento.

Kok-Lir

Un demonio que solo caza hombres.

ladrón de sueños

Un demonio que se esconde los sueños de la gente para que jamás recuerde haber soñado.

Lebara

Un demonio brasileño adorado por la brujería yoruba.

Leonard

Un demonio conocido en Alemania como el dios de la magia negra y la hechicería.

Leviatán

El rey de los hijos del orgullo.

Lilith

En el folklore judío, este demonio es considerado como la primera esposa de Adán, antes de Eva.

Lilitu

Un antiguo demonio relacionado con Lilith (también Lamashtu o Lamia).

Mamón

El demonio de la lujuria por el dinero.

Mastema

El demonio jefe de los ángeles caídos.

Melchom

Un tesorero del infierno, el demonio que lleva el bolso.

Merihim
El príncipe de la pestilencia.

Moloc / Moloch
Un demonio del judaísmo, reconocido por el sacrificio de niños.

Murmullo
El demonio guerrero de la filosofía y la música.

Nergal
El guardián de la policía secreta del infierno.

Nightstalker
Un demonio de la noche que ataca a las personas mientras están despiertas.

Nibras
Demonio del placer.

Nysrogh
Significa pequeño demonio.

Olisha
Una malvada diosa haitiana del vudú y la magia negra.

Orthon
Un demonio conocido por poseer cuerpos.

Philotanus
Un demonio de la sodomía que trabaja con Belial.

Pitkis
Un demonio de la noche.

Po-Tangotango
Un demonio de la noche del pueblo maorí.

Proserpina
Una princesa demonio del infierno.

Rávana
Un rey hindú de los demonios que tiene de diez cabezas.

Sakarabru
Un demonio africano de la oscuridad.

Samael
El ángel de la muerte, también conocido como el príncipe de la potestad del aire.

Tando Ashanti
Este demonio exige sacrificios humanos de siete hombres y siete mujeres al mismo tiempo.

terror nocturno
Un espíritu que se presenta como una pesadilla para traer sueños obsesivos o parálisis del sueño; también llamado pesadilla.

Tlacatecolototl
Un demonio cuyo nombre significa "lechuza racional" y es conocido como el dios del mal y de la noche.

Troya
Demonio báltico de la noche.

Ufir
Un demonio que se manifiesta como un médico y promueve falsas curaciones.

Valafar
Un gran duque del Infierno.

Verin
El demonio de la impaciencia y la ansiedad.

Vetis
Un demonio que corrompe y tienta a lo que es santo; un espíritu de retroceso asignado a los creyentes.

Vritra
Conocido como un enemigo de los dioses por el pueblo hindú; aparece como una serpiente.

Wele Gumali
Un espíritu conocido en Kenia, cuyo nombre significa "el dios negro".

Xa-Mul
Un demonio que se traga a la gente entera (conocido en Filipinas).

Xic
Un demonio que trae la muerte súbita a los hombres (de Guatemala).

Yalocan Tumulu
Un demonio de la oscuridad y las fechorías.

Zaebos
Un demonio que es mitad hombre y mitad cocodrilo

Zagam
El demonio burlón y falsificador que convierte el agua en vino para burlarse de Dios.

Confesión de
El diccionario sobre los demonios, vol. dos

Padre Dios, en el nombre de Jesús, te doy gracias por la impartición y activación respecto a entender los planes y argumentos del enemigo. Me comprometo a utilizar esta guía de estudio como un recurso de revelación y a transmitirla a la siguiente generación. Me comprometo a ser obediente a tu Palabra en no ignorar las maquinaciones de las tinieblas. Jesús, vísteme con tu gloria cuando entro en el campo enemigo para poseer el botín del diablo. Soy un conquistador y un vencedor. Tengo la capacidad de mantenerme firme en la verdad en los días malos por venir. Me comprometo a desprogramar los esquemas de maldad. Soy un hijo de la luz que es reforzada por la revelación. Gracias por tu esclarecimiento espiritual que me está llevando a la transición desde la "leche de tu Palabra" a la "carne de tu Palabra".

Estoy bajo la cobertura de la sangre de Jesucristo cuando me inclino (me humillo) para mantenerme por debajo del radar de las flechas de la reacción, la venganza y la represalia. Ningún arma forjada contra mí prosperará. Declaro que el equilibrio espiritual que he recibido de este diccionario bendecirá mis generaciones por siempre. Tendrán una revelación de las "luces y sombras", de "Jesús y el diablo",

*"el cielo y el infierno" y "el bien y el mal" para cons-
truir una base sólida para la guerra y la liberación
en los últimos días. Desde esta base se levanta-
rá una generación de guerreros. Ellos harán sonar
una alarma para reforzar el hecho de que las puertas del infierno no prevalecerán contra la Iglesia de
Jesucristo. Que esto sea así, y que sea hecho. Amén.*

Nota a la traducción

Introducción

a. En la Introducción, particularmente bajo el subtítulo "Nunca más degradada", la autora refiere su testimonio relativo al problema racial. Utiliza para ello algunos términos que no tienen equivalente en castellano, porque la realidad histórica-socio-cultural que les dio origen, la esclavitud de personas de raza negra en los países angloparlantes, difiere mucho de lo acontecido en nuestros países. Tampoco experimentamos la lucha de este colectivo social por sus derechos civiles, tan marcada en los Estados Unidos a partir de mediados del siglo veinte.

Concretamente, la autora emplea tres palabras distintas, con connotaciones diferentes, pero para cuya traducción en español tenemos un solo término: "negro".

Por eso, buscando poder transmitir al lector esos matices, apelamos a un recurso tipográfico, y escribimos:

Negro, para traducir "black": color negro en general y también persona de raza negra, en sentido neutro, aunque según se use, también puede ser ofensivo. La autora emplea usualmente esta palabra porque, dice que prefiere no usar el término "afro-americano".

Negro para traducir "nigger", expresión tan ofensiva que generalmente no se pronuncia, sino que se alude a ella como "la palabra n". La autora dice: Si tuviera que utilizar una sola palabra para describir lo *negro*, eso sería *Satanás*. Sí, lo dije: "¡El diablo es un *negro*!" Sin embargo, hay una gran diferencia según quién la diga: en los Estados Unidos las personas de color usan "niger" entre ellos en ciertos ámbitos callejeros. Es un código, y no ofende. Pero si otras personas lo usan para dirigirse a gente negra se considera despectivo y muy ofensivo.

Negro traduce la palabra "nigga". El diccionario inglés - español WordReference da la siguiente traducción:

> **nigga** *n slang, offensive* (offensive term for black person) *ofensivo* negro de m... *loc nom* [http://www.wordreference.com/es/translation.asp?tranword=nigga, (consulta en línea 27 de abril de 2014).

Sin embargo, esta palabra también depende de quién la use: en principio se entiende que solo un negro puede decirle "nigga" (**negro**) a otro negro. En este caso se entiende "mi negro", y algunos negros la emplean en sentido afectuoso entre ellos. Pero al parecer, en las generaciones más jóvenes algunos jóvenes negros la usan también en charlas con amigos blancos, como los hijos de la autora, según ella menciona.

Notas

Introducción

1. El fundamento de la Teoría de Willie Lynch es la supuesta intervención de Willie Lynch, un británico dueño de esclavos en las Indias Occidentales, que viajó a los Estados Unidos en 1712 para contar a los esclavistas norteamericanos cómo mantener a sus esclavos bajo control. De hecho este discurso se ha debatido mucho, pero la exactitud histórica de dicho tratamiento de los negros no se puede negar. El discurso de Willie Lynch se puede encontrar en muchos sitios de Internet, como la Fundación Instituto Freeman en http://www.freemaninstitute.com/lynch.htm (consulta en línea, 5 de mayo de 2014).

Capítulo 2: Simbolismo ocultista

1. Logia Masónica de Educación, "Square and Compasses" http://www.masonic-lodge-of-education.com (Consulta en línea, 5 de mayo de 2014).

2. Ibíd.

3. Per Faxneld y Jesper Aa. Petersen, eds., *The Devil's Party: Satanism in Modernity* (Oxford University Press, 2012), 207.

4. Nicolas Goodrick-Clarke, *Black Sun* (New York University Press, 2002).

5. Nick Ryan, *Into a World of Hate* (Routledge, 1994).

6. Tsirk Susej, *The Demonic Bible* (N.p.: Lulu Press, 2008).

Capítulo 8: Astrología

1. Elizabeth Olson, "The Chinese Zodiac", http://www.infoplease.com/calendar/chinese-zodiac.html (Consulta en línea, 8 de mayo de 2014).

2. Extranjeros en China, "The Cornerstone of Chinese Astrology Compatibility Theory—Five Elements," www.foreigners-in-china.com (Consulta en línea, 8 de mayo de 2014).

Apéndice B: Miedos y fobias

1. Howard Liebgold, "The Phobia List," phobialist.com/ (Consulta en línea, 8 de mayo de 2014). Esta lista de fobias fue iniciada por el Dr. Howard Liebgold en la década de 1980 y se colocó en la web en 1995. Ha sido adoptada y usada en muchas páginas de internet desde entonces. El Dr. Liebgold no tiene fuentes primarias para estos nombres y definiciones, pero afirma: "Todos los nombres de fobia de esta lista han sido encontrados en un libro de referencia".

Apéndice C: Fetiches de interés erótico

1. Esta lista de fetiches ha sido citada de "List of Paraphilias", http://en.wikipedia.org/wiki/List_of_paraphilias (Consulta en línea 8 de mayo de 2014).

JOHN ECKHARDT

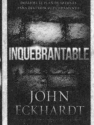

CASA CREACIÓN

Para vivir la Palabra

/casacreacion
www.casacreacion.com

KIMBERLEY DANIELS

El DICCIONARIO SOBRE LOS DEMONIOS

VOLUMEN **UNO**

CONOZCA A SU ENEMIGO.
APRENDA DE SUS ESTRATEGIAS.
¡DERRÓTELO!

KIMBERLY DANIELS

El DICCIONARIO SOBRE LOS DEMONIOS

VOLUMEN **DOS**

UNA EXPOSICIÓN DE PRÁCTICAS
CULTURALES, SÍMBOLOS, MITOS
Y DOCTRINA LUCIFERINA

KIMBERLY DANIELS

CÓMO ARREGLAR SU CASA ESPIRITUAL

LIBERE SU VIDA DE
LAS FUERZAS DEMONÍACAS
Y LA OBSESIÓN SATÁNICA

KIMBERLY DANIELS

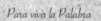
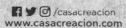

Para vivir la Palabra

Te invitamos a que visites nuestra página web donde podrás apreciar la pasión por la publicación de libros y Biblias:

www.casacreacion.com

Para vivir la Palabra